CB122700

O QUE DESCOBRI EMPREENDENDO

2024

Copyright © 2024 by Alessandro Schlomer, Anderson Duarte, Daniele Ribeiro, Denilson de Oliveira, Reginaldo Silva, Renata Ibiapina, Rui Eiras Orsini, Sandra Corrêa, Valéria Rios, Viviane Gonçalves.

Organizadores:
DANI RIBEIRO e WALLACE SILVA

Autores:
Alessandro Schlomer, Anderson Duarte, Daniele Ribeiro, Denilson de Oliveira, Reginaldo Silva, Renata Ibiapina, Rui Eiras Orsini, Sandra Corrêa, Valéria Rios, Viviane Gonçalves

Edição e Coordenação Editorial:
JOÃO ABREU

Projeto Gráfico e Diagramação:
RODRIGO CAIRO

Revisão:
ANA CATHALANI e GABRIELA BAUMAM

Dados Internacionais de Catalogação na Publicação (CIP)
(eDOC BRASIL, Belo Horizonte/MG)

Q3 O que descobri empreendendo / Organizadores Dani Ribeiro, Wallace Silva. – Rio de Janeiro, RJ: Livraria Insight, 2024.

158 p. : foto. ; 14 x 21 cm

ISBN 978-65-98444-70-9

1. Empreendedorismo. 2. Sucesso nos negócios. I. Ribeiro, Dani. II. Silva, Wallace.

CDD 658.4

Elaborado por Maurício Amormino Júnior – CRB6/2422

SUMÁRIO

DESENVOLVIMENTO PESSOAL
FILOSOFIA
FINANÇAS/ INVESTIMENTOS
CARREIRA
EXERCÍCIOS
EXERCÍCIOS

PREFÁCIO

Empreender é uma jornada repleta de desafios, aprendizados e, acima de tudo, superações. Este livro, "O Que Descobri Empreendendo", é uma coletânea de histórias inspiradoras de diversos empreendedores, todos membros do Empresários SA, que se uniram para compartilhar suas experiências de vida e negócios. Aqui, você encontrará relatos sinceros sobre os altos e baixos do empreendedorismo, destacando as lições aprendidas ao longo do caminho.

Cada autor traz uma perspectiva única sobre os desafios enfrentados, as quedas inevitáveis e, principalmente, as vitórias alcançadas com muita perseverança. Estas histórias não são apenas sobre sucesso, mas sobre a resiliência necessária para transformar dificuldades em oportunidades.

O propósito do Clube de Negócios Empresários SA ressoa profundamente com a proposta deste livro. Assim como nosso clube se propõe a amenizar a solidão do empresário ao promover conexões genuínas, que geram parcerias e negócios, as histórias aqui presentes refletem essa mesma essência de colaboração e apoio mútuo. No Empresários SA, acreditamos que o compartilhamento de experiências e conhecimentos é um dos pilares fundamentais para o crescimento e sucesso na jornada empreendedora.

Este projeto é fruto de uma colaboração excepcional, coordenada por Dani Ribeiro, uma das idealizadoras, e João Abreu, fundador da Livraria Insight, que forneceu toda a orientação necessária para transformar essa visão em realidade. Nós da Empresários SA prezamos pela força da comunidade e pela importância de ações estratégicas para o sucesso nos negócios.

A leitura deste livro é um convite para mergulhar em histórias de superação e resiliência, aprender com os erros e acertos dos autores, e se inspirar para seguir em frente, não importando quão desafiadora seja a jornada.

Agradeço a todos os autores por suas contribuições valiosas e a você, leitor, por fazer parte desta viagem. Espero que este livro seja a porta de entrada para que você também se junte a nós no Clube de Negócios Empresários SA. Ao compartilhar suas experiências e conectar-se com outros empreendedores, você encontrará o apoio e a inspiração necessários para alcançar seus objetivos. Afinal, juntos, somos mais fortes!

Aproveite a leitura e até a próxima obra.

Com gratidão,

Wallace Silva

Fundador do Clube de Negócios Empresários SA

INTRODUÇÃO

É uma alegria estar realizando mais este sonho, fruto de uma semente que foi plantada lá atrás, em nossos corações. Quando levei a ideia para Wallace e soube que já havia esse desejo, entendi que era a minha oportunidade de servir a esse grupo tão maravilhoso chamado Empresários SA. Eu tinha um mês de casa, mas já me sentia à vontade e me encantava cada vez mais com as histórias e energia dos membros do grupo. Ao encarar o desafio de estar de frente, puxando o projeto, em que iria precisar escolher o time de coautores e conciliar a agenda de onze empresários extremamente dedicados a seus negócios e empresas, confesso que senti um frio na barriga. Mas a cada sim que eu ganhava dos escolhidos, eu vibrava de alegria, sabia que Deus era quem estava fazendo tal seleção. Não posso deixar de mencionar esse fato, porque acredito realmente que Ele une pessoas por seus propósitos. A ideia de inspirar empreendedores compartilhando experiências de suas trajetórias me deixava emocionada cada vez que eu ouvia um pouco mais sobre eles. E falando em desafios, quantos foram vivenciados por nossos escritores até a conclusão desta obra. Para se ter ideia, tivemos quem iniciou com seu negócio aberto e, antes de finalizar o livro, precisou fechá-lo. Vida real, é isso que você encontra nas páginas a seguir. E é muito satisfatório.

Agora imagine o que leva um executivo de finanças aos 40 anos, com uma vida segura e confortável, querer começar a empreender?

Por que um ex-militar que trabalhou 14 anos para o Governo do Estado do Rio de Janeiro decidiu se aventurar no universo empreendedor?

Para alguns, o desejo de empreender os acompanhava desde a infância, outros se reinventaram depois de algumas décadas de vida. A grande realidade é que não existe tempo certo para se começar a empreender.

Agora, por que todo empresário precisa ter "raiva" da operação? Como foi passar pela pandemia, encarar a falência e ainda desafios com funcionários e com os sócios? Esses e muito mais detalhes da história de 10 empresários brasileiros você encontrará aqui neste livro.

O que eles têm em comum? Força, coragem e fé! Em que são diferentes? As diferenças são muitas, afinal, reunimos aqui perfis completamente distintos, mas há um que todos têm em comum, e você irá descobrir ao longo destas páginas.

Você também irá se emocionar com o chamado "milagre de Deus" por meio do nascimento de uma filha que impulsionou a decisão de transformar o empreendedorismo como solução promissora para vida de um dos nossos autores. Sentir o empoderamento de uma mãe solo que além do sonho de ser empreendedora também tinha o sonho de aumentar sua família. Você vai se divertir com a inocência de uma criança que só tinha certeza de que queria ser chefe, e o empreendedor de comidas congeladas que enchia os congeladores da geladeira de casa e dos familiares porque ainda não tinha estrutura, e que com atitudes positivas realmente fez diferença. Vai entender que de fato empreender não é para qualquer um, a realidade é dura, sim, e você corre risco de se decepcionar com as pessoas, entre outros desafios, mas o crescimento pessoal, mental, profissional e espiritual realmente podem ser grandiosos!

Muitos aprendizados. Sempre que precisar, você deve buscar ajuda, consultoria com especialistas e *networking* para minimizar os erros antes de começar um negócio ou tomar decisões principalmente que vão demandar tempo, energia e dinheiro. Maravilhoso saber que aqui, nós, membros do Clube de Negócios Empresários SA, temos acesso a especialistas em muitas dessas principais áreas.

"Tempos difíceis, crise fiscal em nossa nação. Tropeços e alicerce, cada um tem o seu valor", menciona em seu capítulo a nossa empreendedora médica. A importância de diversificar suas fontes de renda, e o poder da influência dos pais na vida das suas futuras gerações. O poder da conexão e do *networking* que foi o responsável por nos unir nesta obra. O valor de seguir a essência desse movimento: *networking*.

O poder da comunicação e não simplesmente da fala, conseguir transmitir sua mensagem com clareza. E a importância do autocuidado, afinal você é o que mais importa. Seu corpo, sua saúde, são a sua empresa mais importante e a única que você não pode delegar para alguém cuidar em seu lugar. A falta de atenção para com isso pode ser a maior falência que um empreendedor tem na vida. Priorize-se.

Por todo o mundo, existem histórias de determinação, coragem e inovação que muitas vezes permanecem desconhecidas. Este livro é um presente nosso, que munidos de nossos sonhos, nos desafiamos e lançamos em jornadas que transformaram não apenas nossas vidas, mas também as de muitos ao nosso redor.

Empreender é mais do que iniciar um negócio; é uma forma de arte que exige visão, resiliência e a capacidade de navegar por incertezas. Cada um dos relatos aqui apresentados é uma janela para o universo singular de cada empreendedor, revelando os desafios enfrentados, as lições aprendidas e as vitórias conquistadas. Desde os jovens que decidiram abrir um negócio numa rua sem saída até o veterano que revolucionou sua vida com uma tecnologia inovadora. Estas histórias são um testemunho do espírito humano e da capacidade de adaptação.

Neste livro, buscamos não apenas inspirar e oferecer um espaço de reflexão, mas cada narrativa é acompanhada de *insights* práticos e considerações que podem servir como guia para aqueles que desejam seguir seus próprios caminhos empresariais, assim como nós. As trajetórias aqui contadas são moldadas por erros e acertos, e nos mostram que o fracasso não é o fim, mas um passo necessário para o crescimento. Vai entender que, de fato, empreender é para poucos. A realidade é cruel e você corre risco de se decepcionar a todo instante, mas o crescimento de um modo geral pode e vai ser muito satisfatório.

Ao virar as páginas, convidamos você a mergulhar neste mundo de possibilidades e a se conectar com as vozes daqueles que ousaram se desafiar! E como uma das nossas autoras relembra em seu capítulo: "Muitos de nós vivemos com medo, mas empreendedor decide, apesar disso, ir com medo mesmo". E que: "A gente nunca perde, ou a gente ganha, ou aprende e nenhum fracasso é maior que o de não tentar".

E você, independentemente da sua idade e situação atual, tem um desejo ardente em seu coração de contribuir com seu conhecimento, habilidades ou está disposto a desenvolver? Seja muito bem-vindo ao nosso universo mais desafiador, e também transformador. E como tudo que se expande, se transforma, e não pode voltar ao original, lembre-se e siga sempre em frente, com resiliência, amor e sabedoria, pois com certeza sua jornada será extraordinária.

Que as histórias aqui reunidas despertem em você a coragem de agir, a curiosidade de explorar e a determinação de enfrentar os desafios que surgirem em seu próprio caminho. Afinal, cada empreendedor tem uma história, e talvez a próxima possa ser a sua!

Por este maravilhoso presente, agradeço a Deus primeiramente, ao Wallace Silva, CEO do Empresários SA, que deu aval para que tudo pudesse ser feito junto a marca do grupo, ao João Abreu, da Livraria Insight, que com sua bagagem de mais de 30 anos no mercado editorial coordenou este projeto brilhantemente, e aos nossos coautores, Alessandro Schlomer, Anderson Duarte, Denilson de Oliveira, Reginaldo Silva, Renata Ibiapina, Rui Orsini,

Sandra Corrêa, Valéria Rios, Viviane Gonçalves, e também a mim mesma, Dani Ribeiro, por esta experiência maravilhosa. Mais uma vez obrigada por cada "sim" recebido e por estarmos conectados através das páginas deste livro, para impactar positivamente milhares de vidas, enquanto ele existir.

Um grande abraço aos amigos empreendedores deste Brasil e em especial aos amigos do Empresários SA.

Sejam cada vez mais felizes. Muito obrigada!

"Não há satisfação maior do que aquela que sentimos quando proporcionamos alegria aos outros." (Masaharu Taniguchi)

Com gratidão,

Dani Ribeiro

www.potencer.com.br
@alessandroschlomer
linkedin.com/in/alessandroschlomer
O maior aprendizado que tive durante essa jornada foi sobre o poder de uma semente! Ela nunca volta vazia! Semeie sempre que possível! A plantação é opcional, mas a colheita é obrigatória!

Alessandro Schlomer

Cristão, Casado, Pai de 2 filhos, Sócio da Potencer Soluções Corporativas, ajudo a acelerar a sua LUCRATIVIDADE.

O PODER DE UMA SEMENTE

O que faz com que um homem com uma vida segura e confortável, mas com muitas responsabilidades, deixe a CLT para empreender? Eu estava com 40 anos, casado, com dois filhos, trabalhando como executivo de finanças e decidi empreender porque meu interior gritava que era a hora de construir algo do meu jeito, com os princípios e valores que acredito, mesmo diante de tantas incertezas e desafios.

Foi quando decidi criar a Potencer Soluções Corporativas, uma empresa que oferece a solução de Diretor Financeiro por Assinatura, em novembro de 2022.

Mesmo diante de tantos desafios, como o de enfrentar o medo de empreender, com um custo de oportunidade alto, com um custo de vida elevado, com baixo investimento inicial, precisando enfrentar grandes competidores, eu tinha uma visão clara, o que fez toda a diferença.

Convidei meu atual sócio, Leonardo Oliveira, a embarcar comigo nessa jornada. Já nos conhecíamos de diversos projetos anteriores, e eu sabia que sua experiência seria valiosa. O Leonardo é especialista em modelagem financeira, já liderou equipes de Planejamento Financeiro e possui habilidades complementares às minhas. Ele aceitou o desafio e iniciamos a nossa jornada com a Potencer Soluções Corporativas, unindo esforços em torno de uma visão comum.

Iniciamos a empresa com apenas um cliente, e assim fomos estudando, testando e implantando nossas estratégias passo a passo. Eu assumi a função de CEO, liderando as áreas de estratégia, comercial, *marketing*, finanças e parte da operação, enquanto o Leonardo assumiu a posição de COO, liderando a área de operações.

Quando eu trabalhava no modelo de CLT, já buscava agir como empreendedor, tomando decisões, buscando autonomia e assumindo riscos para o avanço das entregas. No entanto, o modelo de CLT nos dá uma "falsa sensação" de segurança, oferecendo uma renda mensal estável. Eu digo "falsa" segurança, porque no modelo CLT, independentemente de você construir algo incrível, a sua continuidade na empresa depende, muitas vezes, de uma pessoa apenas. E caso você seja desligado da empresa, você receberá seus direitos trabalhistas, mas tudo que foi construído fica para os sócios da mesma, ou seja, você não leva nada.

Por outro lado, quando você é um empreendedor, sócio da sua própria empresa, você precisa construir algo sólido e pensar em todas as demandas necessárias para que tudo funcione bem e proporcione uma renda mensal adequada.

Com o passar dos anos, percebi que quando você empreende, o risco fica distribuído em diversos clientes, o que significa que a continuidade do trabalho não fica mais na cabeça de apenas uma pessoa, como no modelo de CLT.

Vamos falar um pouco sobre o que aprendi empreendendo durante essa jornada curta, porém intensa.

Nessa época eu já tinha entregado minha vida a Jesus, fato ocorrido em junho de 2019. Compartilho esse fato, pois faz toda a diferença. Essa entrega transformou a minha mente e meu coração, me deu clareza da minha identidade em Cristo Jesus e me traz paz mesmo diante de tantas incertezas.

Está preparado?

Estamos em novembro de 2022, iniciando a nossa própria empresa

Eu, Alessandro Schlomer, e meu sócio Leonardo Oliveira decidimos assumir os riscos de empreender para construirmos algo relevante no mercado.

A palavra-chave de empreendedorismo é incerteza. Precisamos de coragem para enfrentarmos tantos riscos que virão pela frente.

A empresa já estava formalizada, a marca registrada, a identidade visual pronta, a minuta contratual validada, um cliente rodando, e agora, quais são os próximos passos?

Vamos à luta!

Participei de um treinamento chamado 3 ASAS, conduzido por um FERA de Vendas, Rodolfo Santos, o qual eu já acompanhava pelas redes sociais. Nessa oportunidade, aprendi bastante e principalmente me conectei a diversas pessoas interessantes, que certamente viriam a agregar valor à minha jornada.

Como mencionei, uma semente tem poder; ela nunca volta vazia. Conquistamos mais três clientes oriundos desse treinamento e o próprio Rodolfo virou nosso mentor para nos ajudar com o crescimento desejado.

Eu não costumo perder oportunidades! Fui convidado para participar de um *podcast* incrível com o Gustavo Mota, do Grupo Mola, e também recebi um convite para um episódio com o Cezar Noronha, da Tera Telemedicina, uma *healthtech* espetacular.

E assim, sementes foram lançadas e colheitas realizadas, gerando relacionamentos bem cultivados e com bons frutos.

Com o passar dos meses, fomos conquistando outros clientes, melhorando e validando a nossa metodologia. Criamos o nosso vídeo institucional, vídeos de conteúdo e depoimentos de clientes. Também desenvolvemos um programa de parceiros para indicações de novos clientes, o qual nos ajudou na captação de novas contas.

Sempre que possível, eu busco participar de reuniões de *networking* para conhecer novos empreendedores, trocar experiências e, claro, conquistar novos clientes. Eu também busco ser palestrante em eventos e congressos para aumentar a nossa autoridade e influência no mercado.

Eu me tornei membro de um grupo de *networking* muito diferenciado, chamado Empresários SA, do fundador Wallace Silva. A cada encontro, tenho a oportunidade de aprender, contratar empreendedores de confiança e também conquistar novos clientes. O próprio fundador do grupo virou nosso cliente. Uma parceria importante para o nosso desenvolvimento.

Em 2023, recebemos o convite de um grande amigo e parceiro, Adriano Dias, do FinancIES (Fórum dos Executivos Financeiros para as Instituições de Ensino Privadas do Brasil), para participarmos do Fórum em Salvador, BA, onde eu teria a honra de ser palestrante. Durante a apresentação, expliquei as vantagens da nossa solução de Diretor Financeiro por Assinatura para as Instituições de Ensino Superior Privadas do Brasil. O retorno foi espetacular. Muito aprendizado e novos clientes do segmento educacional.

Sempre que possível, também organizo com outros parceiros almoços e jantares com empresários qualificados para conexões de alto impacto. Sempre investindo em *networking*. Invista em gerar e cultivar bons relacionamentos. Seja interessante sem ser interesseiro. Às vezes, você está a uma conexão para passar para um próximo nível.

Por isso eu sempre falo sobre o poder de uma semente. Eu creio que a plantação é opcional, mas a colheita é obrigatória. Invista, semeie e você colherá! É só uma questão de tempo. Não espere colher algo que você nunca plantou.

Aqui na Potencer, temos alguns princípios e valores inegociáveis, como integridade, ética, humildade e respeito. Isso facilita as nossas tomadas de decisões em todos os âmbitos. Buscamos ser intencionais e ativos em nossas redes sociais e em eventos presenciais. O nosso objetivo é ter um posicionamento claro. Interagimos com as nossas conexões, compartilhando conteúdo e experiências.

Outro ponto que aprendemos é não misturar as contas da pessoa física com as da pessoa jurídica. Manter a contabilidade em dia. Pagar os impostos corretamente. Isso nos evita muita dor de cabeça.

Muitos empreendedores nos perguntam qual é a nossa opinião sobre obter dívidas. O problema é dívida não planejada. A alavancagem de uma empresa, quando bem desenhada e com objetivo claro, pode ajudar bastante no crescimento mais acelerado do negócio.

Avançando com a Potencer, finalmente, contratamos os primeiros consultores, uma decisão importante para continuarmos crescendo. Elaboramos um contrato bem desenhado com apoio de uma advogada especializada e iniciamos o processo. Mais um aprendizado: nunca queira fazer tudo sozinho. Foque no que você é diferenciado e conte com outros profissionais para as demais demandas que surgirem no caminho. Delegue!

Durante a nossa jornada, conhecemos empreendedores excelentes planejadores, porém fracos executores, e também conhecemos ótimos executores, mas fracos em planejamento. O que aprendemos com isso? O poder de Planejar e Executar! Essa combinação nos faz avançar de forma mais veloz e efetiva.

Nós buscamos ser produtivos, com foco e distribuindo bem o nosso tempo. É fácil? Claro que não. Mas através de técnicas já validadas, podemos alcançar um nível adequado para alta *performance* nas nossas rotinas. Outra coisa que aprendi é a importância de ter uma agenda. Caso contrário, você será agenda dos outros.

Um negócio efetivo precisa ter uma boa margem, condições para crescer e, de preferência, gerar recorrência dos clientes. Precisamos apurar e acompanhar as métricas e indicadores do negócio de perto, como CAC (custo de aquisição de cliente), LTV *(life time value)*, *churn* (evasão), *ticket* médio, lucratividade, entre outros.

O que não é medido não pode ser gerenciado e melhorado.

Entendo que o sucesso do negócio depende de três pilares:

1. Máquina de vendas;
2. Entrega de excelência;
3. Gestão do negócio.

Agora, quero compartilhar algo pessoal, mas que é muito relevante. Eu sempre tive alta *performance*, mas quando Jesus entrou na minha vida a minha mente e o meu coração foram profundamente transformados. Hoje, eu consigo ter paz mesmo diante de tantas incertezas. Jesus é meu sócio majoritário. Sempre O consulto sobre as minhas decisões.

Eu creio que a minha empresa é um Ministério, onde eu sou abençoado e transbordo dessa bênção para muitas pessoas. A combinação entre espírito, família e negócios nos leva a um nível impressionante de plenitude e prosperidade.

Eu e meu sócio, Leonardo, temos uma visão bem clara e alinhada de onde queremos chegar, além de habilidades complementares que nos ajudam a evoluir de forma sólida e acelerada.

Um grande desafio é dar conta de tantas demandas, como cuidar da saúde, da vida espiritual, da família, estudar, participar de cursos e eventos, atender bem os clientes e ainda ter tempo para lazer.

Não existe um CNPJ forte com um CPF fraco. Ou seja, precisamos cuidar de nós em primeiro lugar, para então termos condições de cuidar do nosso trabalho.

A oração constante é algo essencial em minha vida. É assim que me relaciono com o Pai. Peço perdão pelos meus erros, peço proteção, sabedoria e alinho meu espírito com a minha alma e meu corpo.

Saiba servir ao próximo, apoiar as pessoas que precisam de ajuda e compartilhar seus recursos com os demais.

Lembre-se que o passado é história, o futuro não existe, e o presente é uma dádiva! Seja presente! É a única coisa que existe de fato.

Aprendi o poder de entregar o dízimo ao Reino de Deus. Dessa forma, protejo meus recursos e meu coração e ajudo no crescimento do Reino de Deus aqui na Terra.

Lembre-se que ninguém pode servir a dois senhores.

> *"Ninguém pode servir a dois senhores; pois odiará um e amará o outro, ou se dedicará a um e desprezará o outro. Vocês não podem servir a Deus e ao Dinheiro."*
>
> ***Mateus 6:24***

Com atuação em todo o Brasil, a Potencer já ajudou, em apenas um ano, algumas dezenas de empresas de diversos tamanhos e segmentos (educação, saúde, varejo, tecnologia, *startup*, *fintech*) a terem clareza de suas finanças para alcançarem maior lucratividade.

Participamos também de imersão com outros empreendedores em Alphaville – SP, um ambiente propício para bons negócios.

Em 2024, nosso foco é crescer, assumindo mais riscos e investindo na estruturação da empresa. Planejamos participar de cursos, eventos, mentorias e congressos, além de investir em *marketing* para levarmos a Potencer para o próximo nível

A participação como coautor deste livro também faz parte da geração de autoridade e influência.

Durante essa jornada, aprendemos a cada dia, cometemos algumas falhas e comemoramos conquistas importantes.

Agradeço a Deus pelo cuidado que Ele tem conosco. Protegendo a nossa saúde, nossa família, gerando conexões, abrindo portas e nos dando sabedoria.

Eu creio que Deus pode fazer tudo, menos a nossa parte!

Agradeço também aos meus pais e à minha irmã por serem minha base, à minha esposa e aos meus filhos por serem meu porto seguro e ao meu sócio pela confiança e parceria.

Este será um ano de grandes realizações! É a minha expectativa.

Concluindo, o maior aprendizado que tive durante essa jornada é o poder de uma semente! Ela nunca volta vazia! Semeie sempre que possível! A plantação é opcional, mas a colheita é obrigatória!

"Porque sou eu que conheço os planos que tenho para vocês, diz o Senhor, planos de fazê-los prosperar e não de causar dano, planos de dar a vocês esperança e um futuro."

Jeremias 29:11

AGRADECIMENTOS

Agradeço a Deus e à minha família pelo apoio incondicional ao longo de minha jornada.

SOBRE O AUTOR

Alessandro Schlomer é um dedicado cristão, casado e pai de dois filhos. Com uma trajetória sólida no mundo dos negócios, ele é o CEO da Potencer Soluções Corporativas. Formado em Contabilidade e Tecnologia da Informação, Alessandro possui um MBA Executivo pelo COPPEAD, com extensão em Inovação pela Universidade de San Diego. Sua experiência e visão estratégica têm sido fundamentais para o crescimento e sucesso de sua empresa.

CONECTE-SE
COM O AUTOR

www.andersonduarteoficial.com.br

@andersonduarterj

linkedin.com/in/anderson-duarte-b8762a24

Ajustei meu foco para analisar e entender se as oportunidades que surgem vão me conduzir na direção do meu propósito e na construção de um legado.

Anderson Duarte

Networker, Consultor de Negócios, Multiempreendedor, Fundador da AJD Serviços de Despachante e Sócio-diretor da Four Makers Produções Audiovisuais.

RAÍZES DE UMA FILOSOFIA EMPRESARIAL

Minha visão de mundo e filosofia empresarial foram moldadas pela observação da dedicação dos meus pais em seus trabalhos e pelas experiências no Exército e no Governo do Estado do Rio de Janeiro. Cresci observando meu pai trabalhando em sua loja e minha mãe, uma habilidosa costureira, na confecção. Essas vivências, somadas à disciplina e organização adquiridas durante meu tempo no Exército, assim como nos 14 anos no Governo do Estado do Rio de Janeiro, assessorando diretorias, liderando e coordenando equipes, foram fundamentais para que eu me tornasse um empreendedor focado em alcançar resultados de forma independente.

Estamos apenas começando, mas quero compartilhar uma reflexão prática. Passei décadas questionando por que meus pais não me deram uma educação melhor, até que a parábola do semeador (Mateus 13:3-9) mudou minha perspectiva, se tornando um divisor de águas em minha vida. Percebi que, assim como algumas sementes caem em solo fértil, as experiências e valores transmitidos por meus pais, mesmo inconscientemente, encontraram terreno fértil no meu espírito empreendedor. Agora, convido você a refletir sobre as "sementes" plantadas pelos seus pais, que moldaram seu caráter e determinação, essenciais para o empreendedorismo e a liderança. Considere pegar papel e caneta e escrever sobre as sementes específicas que foram plantadas em você, e que germinaram ao longo de sua jornada. Tenho certeza de que o resultado vai te surpreender.

DA LOJA DO PAI À EMPRESA DE SERIGRAFIA

As experiências na loja do meu pai e na confecção onde minha mãe trabalhava foram essenciais para minha formação. Na loja, aprendi sobre atendimento ao cliente, gestão de estoque e a importância de bons relacionamentos com fornecedores. Na confecção, observei a relevância da qualidade do produto e da eficiência nos processos. Esses aprendizados me levaram a criar meu primeiro empreendimento na área de serigrafia. Embora tenha durado pouco, essa experiência me ensinou a ser independente, organizado e focado em resultados. No entanto, percebi que apenas ser um bom impressor serigráfico não bastava para empreender; precisava desenvolver habilidades como vendas, prospecção, gestão financeira, entre outras. Essa transição me fez entender a importância de fundamentar projetos em bases sólidas, como fé, ética e perseverança, fundamentais para superar as adversidades e prosperar. Isso me faz lembrar do Salmo 127:1: "Se não for o Senhor o construtor da casa, será inútil trabalhar na construção".

CRESCIMENTO E DESENVOLVIMENTO

Ao sair do Exército em 2004, aos 27 anos, recebi dois convites que expandiram minhas perspectivas e habilidades de liderança e gestão.

O primeiro foi para trabalhar com o Professor Ely Cabral, diretor da Dynamics Consultoria. Com ele, acompanhei projetos em grandes empresas como CAARJ, OAB RJ, Michelin e Petroflex, o que foi essencial para meu desenvolvimento intelectual e visão ampla sobre gestão empresarial. Além disso, tive uma experiência significativa no terceiro setor ao participar ativamente da Nova Chance, uma instituição liderada pelo Professor Ely, onde gerenciei um abrigo de crianças em Belford Roxo. Essas vivências, repletas de desafios, me proporcionaram um grande aprendizado, especialmente sobre a importância de dizer "não" em momentos difíceis, como quando não tínhamos condições de aceitar novas crianças.

O segundo convite foi para integrar a equipe do DETRO/RJ [1], onde participei da implementação de um sistema de transporte inovador

1 DETRO/RJ - Departamento de Transportes Rodoviários do Estado do Rio de Janeiro

e aprendi muito sobre gestão de projetos complexos, trabalho em equipe e a importância da inovação tecnológica.

Essas experiências – especialmente com o Professor Ely Cabral, que considero meu mentor – foram fundamentais para a expansão de minhas habilidades, sempre guiado pela sabedoria de Provérbios 27:17: "Assim como o ferro afia o próprio ferro, as pessoas aprendem umas com as outras". Essa passagem reflete a importância da mentoria e da colaboração para o crescimento pessoal e profissional, enfatizando que não evoluímos isoladamente, mas sim por meio das interações e desafios compartilhados.

Hoje, permaneço como voluntário na ADRA[2], e ao longo de mais de 30 anos, atuei como membro, diretor e coordenador do Clube dos Desbravadores. Acredito firmemente que as habilidades que tenho hoje como empreendedor foram adquiridas no "campo de batalha", em ações práticas, liderando equipes e projetos. Quer aprender de verdade? Levante-se do sofá, saia do computador, largue o celular! Movimente-se! Saia da sua zona de conforto para ajudar, treinar e liderar pessoas; para planejar e executar projetos. Foi assim que "afiei" minhas habilidades e moldei minha abordagem ao empreendedorismo.

CONSTRUINDO O GRUPO AJD (AD TREINAMENTO E AJD SERVIÇOS, NEGÓCIOS E REPRESENTAÇÕES)

Em 2016, ainda como servidor público, decidi estruturar minha empresa de consultoria e assessoria, a AD Treinamento, Apoio

2 ADRA - Agência Adventista de Desenvolvimento e Recursos Assistenciais

Administrativo e Negócios. Entre 2014 e 2018, foquei intensamente na busca por conhecimento, realizando diversos cursos, incluindo Gestão de Projetos na FGV e formações em *coaching* e analista comportamental na FEBRACIS. Em 2018, saí do Governo do Estado do RJ para me dedicar totalmente ao meu negócio. Apesar de já ter minha empresa, entrei em uma sociedade empresarial, onde aprendi muito, especialmente sobre relações com sócios. Embora tenha saído da sociedade frustrado, hoje entendo que essa experiência foi crucial para o meu desenvolvimento como empresário. Após deixar a sociedade, mergulhei de corpo e alma na AJD Consultoria e Negócios, hoje AJD Serviços de Despachante e Negócios, onde solidifiquei minha *expertise* em gestão de projetos, licitações, contratos, consultoria e *coaching* executivo, aplicando novos conhecimentos em diversos setores.

Quero destacar a minha determinação em buscar conhecimento e especialização, mesmo diante de obstáculos, e quero convidar você a fazer a leitura da parábola dos talentos, que se encontra em Mateus 25:14-30. Assim como os servos que multiplicaram seus talentos, eu investi em capacitação, e mais, quero hoje multiplicar, ajudando outras pessoas com treinamento, consultoria, assessoria e mentoria, e nunca mais enterrar minhas habilidades, mas sim expandi-las para criar ainda mais valor e oportunidades, tanto para mim mesmo, quanto para outros.

Considerando a parábola dos talentos, quem é você hoje? Aquele que está com os talentos e habilidades enterrados; aquele que é morno, que fica sempre na média; ou aquele que multiplica os talentos, que ajuda e transforma pessoas? Quem é você?

DESAFIOS DA JORNADA

Como brasileiro, carioca, estudante da rede pública municipal e estadual, percebi na fase adulta enormes lacunas no currículo educacional brasileiro, e que fazem muita falta na vida empreendedora. Cito aqui as que considero mais importantes: Inteligência Emocional, Educação Financeira, Empreendedorismo e Liderança. A ausência dessas disciplinas impede o início de um processo empreendedor sem sofrimento. A educação tradicional nos doutrina a seguir um caminho convencional: estudar – se possível fazer uma graduação, conseguir um emprego, trabalhar por décadas e, ao final, alcançar a aposentadoria. No entanto, a realidade é que muitos profissionais graduados enfrentam desafios como salários incompatíveis com seus sonhos, dificuldades para liderar e falta de inteligência emocional para lidar com pressões pessoais e profissionais. Eles observam pessoas com menos formação, mas com mais iniciativa e movimentação, conquistando melhores resultados empreendendo. Então, decidem também empreender e descobrem que precisam de outras habilidades, percebendo que o "arsenal de conhecimentos" da educação tradicional está desfalcado de conhecimentos fundamentais, como contabilidade, educação financeira, liderança e planejamento.

Essas lacunas educacionais revelam os desafios do empreendedorismo, que podem ser comparados ao Salmo 23, onde a fé, a resiliência e a busca por conhecimento são essenciais para superar obstáculos. Não quero desanimar você, que está lendo e quer empreender, com minhas reflexões, muito pelo contrário. Desejo sucesso, e preciso enfatizar que é crucial buscar conhecimentos além do que é ensinado na educação básica. E hoje, com mais de 35 anos de experiência profissional, posso garantir a você que a melhor forma de fazer isso, encurtando o tempo e economizando recursos, é através de mentorias, onde você pode ser guiado, corrigido e apoiado, seja em grupo ou individualmente. Os desafios do empreendedorismo são reais, e eu adoro enfrentá-los. Eles nos fazem crescer e, principalmente, nos permitem celebrar a conquista de superá-los. Portanto, de hoje em diante, quando um desafio surgir em sua vida, diga: "Oba! Mais uma oportunidade de crescimento!".

REDIRECIONANDO O FOCO E EXPANDINDO NOVOS HORIZONTES

Quando em 2018 eu decidi deixar meu cargo no Governo do Estado do Rio de Janeiro para focar totalmente na minha empresa, a AJD, senti uma conexão com a história de Abraão, conhecido como o "Pai da Fé", que foi chamado para deixar a sua terra natal e partir para um lugar desconhecido. A frase que eu mais escutei foi: "Cara, você é maluco, vai trocar o certo pelo duvidoso". Mas, acredite, a minha maior tristeza é de não ter tomado antes a decisão de empreender.

Um marco importante na minha trajetória foi a descoberta do

networking. Certa vez, um amigo chamado Paulo Alves me convidou para o evento "Recomendo *Business Networking*", onde conheci o Alexandre Damiani, que morava em Portugal e tinha como negócio principal realizar reuniões de *networking*, o que "bugou" a minha mente e mudou minha visão sobre o poder das conexões. O Alexandre se intitulava um "Networker", que em uma tradução livre significa "aquele que domina a arte de conectar pessoas". Percebi que, ao longo da minha vida, já fazia isso de forma natural, pois sempre fui muito bem relacionado. Hoje, se você visitar o meu Instagram, verá que eu também me denomino um *Networker*.

Outro momento muito gratificante da minha jornada empreendedora, que alcancei por meio do *networking*, foi a oportunidade de conviver por um ano com o Carlos Wizard[3]. Em 2022, convidado pelo amigo Jorge Crhistian – proprietário da Indústria de Balas Galo Doce – conheci o grupo de *networking* Brasil do Bem. Minha participação nesse grupo foi tão proveitosa que em junho de 2023, em sociedade com meus amigos Arnaldo, Fausto e Robson, me tornei franqueado e parceiro do Carlos Wizard. Essa experiência, junto com a filosofia de vida de Carlos, que valoriza fé, família e negócios, teve um grande impacto na minha trajetória e na maneira como conduzo meus negócios.

---

3 Carlos Wizard é professor e empresário bilionário, fundador da Wizard, maior rede de ensino de idiomas do Brasil, vendida para a britânica Pearson por 2 bilhões de reais.

Existe uma máxima no mundo do *networking* que é "seja interessante e não interesseiro"; eu gosto mais de ser sincero e dizer "seja interessante antes de ser interesseiro", pois vamos falar a verdade, no mundo dos negócios todos temos interesse, seja em parceria, conhecimento, autoridade ou vendas. E por ser assim, de forma muito recorrente eu recebo convites para assumir ou participar de projetos e empresas, e assim eu conheci um cara sensacional, um irmão, que é o Jairo Roberto, radialista e jornalista com mais de 40 anos de experiência, fundador da Four Makers Produções Audiovisuais, que hoje tenho o prazer de fazer parte como sócio. Agora também com meu próprio canal de *podcast* e entrevistas, chamado "Connect Working Podcast", convido você a ir lá no YouTube e inscrever-se em nosso canal.

Estou profundamente envolvido em outras duas atividades que estão focadas no crescimento e desenvolvimento de pessoas e negócios. Na Universidade de Negócios e Networking, conecto empresários mensalmente com meus parceiros Carlos Henrique, Erica Guimarães e Jorge Crhistian. Além disso, faço parte do time IMPARÁVEIS do Instituto Performance, liderado pelo mentor Paulo Bento, onde trabalhamos para impactar as 27 capitais do Brasil com consultoria, treinamento e estratégias de *marketing*, sempre com o objetivo de ajudar as pessoas a encontrarem "O Significado da Vida". Essas experiências de vida e negócios têm enriquecido minha jornada e me preparado para ajudar outros empreendedores. Como *networker* profissional, conecto pessoas e negócios, criando oportunidades de crescimento mútuo.

Na Four Makers, aplico minha experiência em gestão e inovação para desenvolver projetos audiovisuais de alta qualidade. A AJD se tornou uma plataforma de serviços que ajuda milhares de pessoas todos os anos.

Eu saí de uma vida tranquila e previsível, porém sem grandes perspectivas e desenvolvimento, e decidi trilhar uma vida agitada, louca, cheia de desafios, imprevisível, mas com grandes oportunidades e perspectivas ilimitadas de crescimento.

E você, qual decisão está disposto a tomar para alcançar novos horizontes, construir um legado, e seguir firme em direção ao seu propósito maior?

ENSINAMENTOS E LEGADO

Hoje eu tenho clareza de que os pilares centrais da minha vida são fé, família e negócios. Mantê-los em equilíbrio é crucial, porém desafiador, para o sucesso e felicidade pessoal e profissional. Acredito que, ao equilibrar esses aspectos, podemos viver o nosso real propósito com saúde, qualidade de vida e contribuir positivamente para a sociedade. Nos parágrafos anteriores, eu não destaquei, mas falarei em outras obras literárias, que a jornada empreendedora também me ensinou a importância do *marketing*, do foco no comercial e da gestão eficiente.

Quero incentivar você que está lendo, dizendo que a Jornada Empreendedora é incrível, e por isso hoje busco inspirar outras pessoas a perseguirem seus sonhos, associando o seu propósito e habilidades para empreender, ajudando-as a simplificar a gestão de seus negócios e a equilibrar os pilares que sustentam suas vidas.

Ajustei meu foco para analisar e entender se as oportunidades que surgem vão me conduzir na direção do meu propósito e na construção de um legado. Quero ser lembrado como alguém que contribuiu para uma causa, ajudando outras pessoas em suas dores, necessidades e na conquista de seus sonhos.

A aspiração de deixar um legado e contribuir para uma causa maior é ecoada no Salmo 112:5-6: "Bom será o homem que se compadece e empresta; que conduz seus negócios com justiça, pois nunca será abalado; o justo será lembrado para sempre". Essa passagem enfatiza a importância de agir com compaixão, integridade e justiça, fundamentos que garantem não apenas o sucesso empresarial, mas também um impacto duradouro na vida das pessoas.

Ao refletir sobre minha jornada empreendedora e de liderança, vejo-a como um mosaico rico em lições, desafios e vitórias. Inspirado pelas parábolas de Jesus, pelos Salmos e Provérbios, entendo que cada passo, obstáculo e sucesso foram fundamentais para moldar não apenas o empresário, mas o ser humano que sou hoje. A sabedoria dessas escrituras, combinada com minhas experiências, tem sido uma bússola, guiando-me através dos tempos incertos e celebrando os triunfos. Minha jornada é um testemunho da importância de cultivar a fé, a família e os negócios, todos sustentados pela integridade e perseverança.

Compartilhar minha história é uma forma de inspirar outros a perseguirem seus sonhos com coragem, enfrentarem desafios com resiliência e construírem um legado positivo para a sociedade. Que esta narrativa seja um farol, iluminando o caminho de quem se aventura no mundo do empreendedorismo e da liderança, mostrando que nas palavras e ações reside o poder de moldar o futuro.

AGRADECIMENTOS

Gratidão é a palavra que expressa o meu sentimento ao ver como Deus conduziu a minha vida até hoje. À minha mãe, que sempre deu tudo que podia para o meu desenvolvimento e criação; e à Janice Duarte, minha querida esposa, que mesmo não acreditando em todas as minhas loucuras, sempre me apoia. Sou imensamente grato a todos que contribuíram para essa jornada, especialmente a você, que adquiriu este livro e conheceu minha história. Desejo de coração que a leitura do meu capítulo possa acrescentar algo em sua vida. Sinta um forte e carinhoso abraço!

SOBRE O AUTOR

Anderson Duarte é casado com Janice Duarte, filho de Carmelina e Albano, e um amante dos *pets*, cuidando com carinho de seus dois companheiros, Lup e Sheiky. Com 30 anos dedicados aos Desbravadores e 21 de experiência nas Forças Armadas e no governo do Rio de Janeiro, ele se formou em Gestão de Projetos, Documentação, *Marketing*, Análise Comportamental e *Master Coaching*. Fundou a AJD Consultoria e Negócios, é franqueado do Brasil do Bem Clube de Empresários, criador do Programa Geração de Riqueza 5.0, autorizado ADEMICON, sócio do Instituto Performance, e agora, também, escritor.

CONECTE-SE COM O AUTOR

empreendaja.com.br

@daniribeirovieira

Nenhum negócio vale tanto que seja capaz de comprar o tempo com as pessoas mais importantes da sua vida e nem vale mais que sua saúde mental e física.

Dani Ribeiro

Networker, *Expert* em Vendas Diretas no Digital e Varejo, Comportamento Humano e Mentora de Empreendedores.

A DIFÍCIL ARTE DE EMPREENDER

O ano era 1999, ano em que o mundo aguardava com entusiasmo a chegada do novo milênio. Eu estava na Praça Tiradentes, centro de Curitiba, Paraná, aos 13 anos de idade, e tive um *insight* que mudaria completamente minha vida.

Muito prazer, sou Daniele Ribeiro Vieira de Queiroz, uma curitibana carioca, que começou sua jornada profissional aos 13 anos e que desde a infância foi incentivada pela mãe a ser independente. Ali eu começara a viver uma rotina comum para a maioria dos trabalhadores brasileiros: acordar cedo, pegar conduções lotadas, enfrentar trânsito, e em pouco tempo essa rotina começou a me incomodar.

Só de imaginar que eu teria que viver mais 30, 40 anos daquela forma, para só depois me aposentar e ter uma vida "tranquila", eu fiquei apavorada. Então veio o *insight*: eu precisava empreender! Coloquei na minha mente que um dia teria meus próprios negócios, e assim teria liberdade de poder trabalhar a hora que eu quisesse, com o que eu quisesse, e ainda teria a perspectiva de conquistar minha independência financeira. Passaram-se outros 13 anos desde então, eu havia me mudado para o Rio de Janeiro e estava ganhando experiência no mercado que sempre me chamou a atenção: o de vendas de moda feminina. Trabalhei mais de 8 anos como CLT nessa área, até que eu finalmente comecei a realizar o meu sonho de empreender.

O IMPULSIONADOR

Acredito que todos tenhamos alguém ou algum fato que impulsione nossas escolhas, e que normalmente as fazemos por amor ou pela dor. Na época em que finalmente decidi começar minha jornada empreendedora, eu tinha destaque dentro da rede que trabalhava. Sempre batia as metas e me dedicava de coração a empregadora, mas o fato de trabalhar em loja de *shopping*, de domingo a domingo, incluindo feriados e folgas, começou a incomodar meu namorado na época, hoje marido. Foi ele quem me incentivou a romper o ciclo e usar toda a minha energia e dedicação, que eu estava investindo nos outros, para o meu próprio negócio. Nesse momento eu resgatei aquele desejo antigo e tomei a decisão de empreender e construir minha liberdade.

O COMEÇO

A ideia inicial era comprar umas roupas em São Paulo e revender. Marcio, meu namorado, se tornou meu sócio, e assim começamos em paralelo aos nossos empregos. A empresa que eu trabalhava me ofereceu um aumento salarial e um cargo de mais confiança bem no momento que eu iria "queimar a ponte", o que me fez adiar o pedido de desligamento. Entendi que era a melhor escolha naquele momento, pois eu não tinha uma reserva de emergência, morava sozinha e custeava todas as minhas despesas. Mais à frente, eu tive a certeza de que foi uma sábia decisão. Iniciamos nosso negócio num *box* de feira, e ali passaríamos em média um ano, só tirando dinheiro do bolso, pagando os custos fixos como aluguel, salário da funcionária e estoque. O mercado da moda tem isso, você precisa ter estoque, estar sempre inovando para atrair novos clientes, e principalmente "alimentar" os que já são clientes com novidades constantes. Ou seja, naquele momento ter o capital de giro vindo do CLT foi muito importante para passarmos por esse período de aprendizado e maturação do negócio. Hoje, tenho clareza de que para se chegar no ponto de equilíbrio de um negócio, ou seja, que ele pague seus próprios custos, leva-se de 2 a 3 anos, dependendo do ramo e o quanto se investiu, é claro. Voltando a falar um pouco sobre clientes, a fidelização é um dos pontos de maior importância para um negócio. Nós estávamos sempre pensando em como atender melhor nossos clientes e nos destacar entre os demais comerciantes, com o diferencial de coleções, qualidade das roupas e atendimento. Aliás, dentre todas as ações feitas para a prosperidade de um negócio, atendimento é apontado em várias pesquisas como o principal fator de decisão de compra e recompra de um cliente. Inclusive saiu no portal Ecommerce Brasil, em meados de 2022, um estudo com 12 mil pessoas de todo o País, mostrando que 53% dos consumidores recompram pelo atendimento recebido. Por isso, minha dica número 1 é: proporcione uma excelente experiência para o consumidor desde o início do seu negócio, se torne único e ficará na memória dos seus clientes por toda a vida. Lembrando que atendimento engloba desde a infraestrutura, organização do espaço onde você recebe seu cliente, qualidade do produto, serviço de entrega, pré e pós-compra, *follow-up* e principalmente o relacionamento humanizado. Invista forte em pessoas de qualidade, com ética, princípios, valores e não só por uma formação XYZ, mas sim pessoas que gostem de lidar com pessoas. Elas serão os maiores representantes da sua empresa, e seu principal cartão de visita.

Nosso primeiro ano de negócio foi marcado por muitos aprendizados, choques de realidade e ali entendi os dados do SEBRAE que mostram que a cada dez empresas que abrem, sete delas fecham no seu primeiro ano de vida. Vivemos na prática vários desafios, que muitos empreendedores passam, onde o financeiro que entrava não era suficiente para pagar os custos fixos da loja. A maioria dos funcionários não valorizava a oportunidade de trabalho, os vizinhos comerciantes não tinham a menor vontade de ajudar e alguns nos viam como concorrente. Além disso, familiares e amigos não compravam conosco. Logo nos primeiros meses, já estava claro que tudo que achávamos com relação a apoio e velocidade dos retornos era uma falsa ilusão, que realmente teríamos que caminhar com as nossas próprias pernas, aprender sozinhos, cair e levantar. Por isso, minha sugestão é: busque ajuda profissional nas áreas que você não possui *expertise*, invista em conhecimento e suporte, porque o custo da falta de experiência pode ser muito mais alto lá na frente.

Falando em preço alto, você já registrou sua marca? Observe minha experiência. Após termos feito alguns materiais de *marketing* da nossa até então marca, descobrimos que teríamos que trocar o nome da nossa loja, porque ele já havia sido registrado em outra cidade. Então, antes de iniciar seu negócio, verifique se a marca está liberada, para você não perder tempo, dinheiro e não correr o risco de ser processado. Você pode tentar fazer isso sozinho, junto ao INPI, ou buscar a ajuda de um profissional especializado, o que eu recomendo.

VÃO TE CRITICAR

Quando decidimos mudar nosso ponto de comercialização, da feira para uma loja em uma rua sem saída para carros, com pouco movimento de pessoas que passavam a cada hora e olhe lá, recebemos muitas críticas. Mas nós visualizamos um futuro promissor e investimos em nossa visão de futuro. Hoje, em 2024, devem passar, em média, entre 100 e 200 pessoas por hora, no mínimo. Dica: siga sua visão de futuro, independente das críticas.

AVANÇAMOS

Criamos metodologias diárias de trabalho, inclusive referentes à limpeza e organização da loja. Ela precisava estar impecável, padrão *shopping* da Barra, Zona Sul. Essas referências de organização e qualidade aprendi nas lojas que trabalhei e modelava-as à nossa realidade. E ainda hoje, quando encontramos clientes, somos elogiados por esse diferencial. Geramos ótimas experiências na vida das pessoas, e isso é realmente satisfatório.

NÃO VENDA FIADO

O óbvio precisa ser dito, por isso eu não poderia deixar de mencionar algo que pode não só trazer um prejuízo financeiro para um negócio, mas também causar danos morais e fazer você passar por constrangimentos desnecessários, principalmente se estiver ligado às pessoas próximas, podendo acabar com amizades e boas relações para sempre. Vender fiado funcionou no passado e era uma gentileza ter as "cadernetinhas do Sr. Manuel". Porém, hoje, com todas as possibilidades que existem, é um risco que não vale a pena correr. Dica de ouro: NÃO EXISTE VENDA "na confiança", tenha sempre uma garantia. Use cartões de crédito ou o recém-chegado Pix parcelado. E se não houver formas de garantia de recebimento, melhor buscar outro comprador. Nesse caso, é melhor perder a venda, para ganhar tranquilidade.

COLABORADORES

Não contrate por caridade. Não contrate colaboradores porque eles precisam e muito menos por serem seus amigos e parentes, contrate-os por suas habilidades, competências e qualidades. E não necessariamente espere três meses para definir se ele está apto ou não para estar na sua empresa. Muitas vezes no primeiro mês de trabalho você já será capaz de ler bastante seu comportamento. Se você não tiver essa habilidade ou tempo para esse acompanhamento, contrate uma empresa ou profissional especializado em recrutamento e seleção. Você nunca terá 100% de garantia que está contratando um bom funcionário, e mesmo quando o fizer, depois de anos, ele pode te surpreender de forma negativa, afinal lidamos com pessoas, e elas são instáveis, e muitas vezes se comportam de acordo com seus interesses. Para evitar problemas, siga as leis trabalhistas ou tenha parceiros, prestadores de serviços com contratos temporários, para evitar desgaste e prejuízos financeiros e até de saúde. E se você tem uma loja física, invista em sistema de segurança interno e externo, pois certamente será um ótimo investimento. Ofereça treinamento para os seus colaboradores, de maneira que eles estejam qualificados a sair, mas trate-os de forma que eles desejem ficar.

DELEGUE

Os olhos do dono é que engordam o boi, é o que dizem por aí, não é verdade?! Muita atenção nesta ideia de achar que você precisa estar o tempo todo de "olho" no seu negócio, pois centralizar as tarefas pode ser uma grande armadilha. Aprenda a delegar, treine sucessores, invista tempo, energia e dinheiro para ter ao seu lado colaboradores que serão seus braços. Porém não se iluda, ninguém vai cuidar com tanto zelo do seu negócio quanto você, mas é possível contratar profissionais com mais habilidades em certos setores, e quando você incentiva a visão de dono neles, os resultados podem ser impressionantes. Lembre-se de que você precisará de aliados para crescer e ter liberdade, pois, se não, você vai se tornar escravo do seu próprio negócio, e vai estagnar. Essa é uma das coisas que eu teria amado saber na época em que cheguei a trabalhar mais de cem horas semanais, de domingo a domingo. Fiquei oito anos sem férias, perdi momentos com minha família, amigos e deixei de desfrutar da minha própria vida. Nenhum negócio vale tanto que seja capaz de comprar o tempo com as pessoas mais importantes da sua vida e nem vale mais que sua saúde mental e física. Busque viver a vida com equilíbrio e tempo de qualidade. E se tiver que viver períodos intensos, avise sua família, faça acordos e coloque data para começar e terminar, porque se assim não o fizer, poderá perder os bens mais preciosos, e isso nenhum dinheiro paga.

SAÚDE

A saúde financeira da sua empresa precisa ser preventiva, não economize no bem mais precioso, e que fará a máquina rodar. Se você não tem habilidades necessárias ou tempo para cuidar de determinado setor, procure ajuda profissional e delegue, invista hoje para não ter maiores prejuízos amanhã. Acredite, os números são exatos, eles não vão se comover com a sua dedicação. Cuide da sua saúde física e mental, lembre-se de que a empresa mais importante da sua vida é o seu corpo. Faça atividades físicas constantemente, tenha uma boa alimentação, suplemente, tenha tempo de qualidade e viva as demais áreas da sua vida. Se não houver sucesso nesta sua "empresa", nenhuma outra valerá tanto, e você irá fracassar.

O SÓCIO

Não é porque a pessoa tem habilidades ou experiências necessárias que ela está apta a se tornar seu sócio. Ao escolher alguém para uma sociedade, a selecione principalmente por seus princípios e valores, oficialize tudo em cartório para não se aborrecer. Por mais que seu negócio ou sua ideia possam mudar a vida de uma pessoa, se ela não tiver ambição e não estiver disposta assim como você, não siga em frente com ela. Tenha muito cuidado e responsabilidade ao decidir quem estará ao seu lado, porque uma escolha errada pode realmente destruir não só negócios, mas famílias. Falo isso por experiência vivenciada, aliás só para deixar claro, tudo que estou compartilhando aqui neste livro é vida real.

Em nosso caso, eu e meu cônjuge, decidimos investir num restaurante japonês. A ideia era diversificar as fontes de renda. O plano era perfeito, entramos com o capital e o outro sócio com a experiência de mais de 18 anos na culinária oriental. Todavia, dois meses após a abertura do restaurante, ele decidiu ir embora do Rio de Janeiro, e não se importou em nos abandonar, e ainda exigiu pagamentos de honorários pelo tempo que esteve conosco.

Nós, que já havíamos investido além do capital financeiro disponível, e trabalhávamos cem horas semanais, ou seja, não tínhamos mais tempo e nem dinheiro em caixa, vimos nossa vida profissional e financeira virar de cabeça para baixo. Com dívidas, empréstimos, limite do cheque especial comprometido e prejuízos emocionais.

TENHA FÉ

Todo empreendedor precisa ter coragem e fé. Importante ter a certeza de que não há um mal que não traga um bem. Sempre que estamos vivendo um desafio, é porque por meio dele vamos chegar a bençãos maiores, novas fases, mais um degrau. Eis que um tempo depois de termos nos decepcionado grandemente com a abertura do restaurante, Deus nos enviou uma nova jornada. Um caminho que mudaria completamente minha vida e que me traria a liberdade de tempo que eu tanto sonhava. Me traria crescimento em todos os sentidos, sonhos realizados e intangíveis também.

SE REINVENTAR

Às vezes, será necessário se reinventar, e muitas vezes de onde menos se espera vem a solução. Eu descobri, ou melhor, eu me abri para conhecer o *marketing* de rede e o mundo das vendas diretas. Confesso que tinha um certo preconceito, porém aí fica mais uma dica: não julgue o livro pela capa, não tome decisões ou se feche para novas experiências com base em achismos ou escutando pessoas que não têm sucesso. Siga sua intuição e se permita arriscar, mas com os "pés no chão". Se não se permitir, como saberá se vai dar certo? Acredito que a vida seja sobre viver experiências, sobre processos, ciclos e aprendizados.

Em 2016, pouco tempo depois do "tsunami" que relatei, entrei para o mundo das vendas diretas, um caminho que tenho muita gratidão por me envolver. Uma escolha fantástica que me fez crescer em todos os sentidos. Hoje não trabalho mais com tecidos e modelagem, muito menos com peixe cru e shoyo, hoje levo saúde por meio do mercado de suplementação e outros pilares da saúde integrativa. Trabalho com *e-commerce*, com escritório na palma da minha mão, não tenho nenhum funcionário, estoque e custos fixos de negócios tradicionais. Não tenho mais interesse em ter negócios físicos, pelo menos por enquanto, mas apoio meu marido que decidiu seguir nesse caminho, com uma empresa de vendas e manutenção de máquinas lava e seca. É como sempre digo: o mais importante é estar buscando seus objetivos, seus sonhos. Se você tem um ideal, siga reto, sempre em frente. Às vezes irá precisar recalcular a rota, mas o importante é ter convicção de que se o seu negócio é o seu propósito, então faça valer a pena. Faça ATÉ DAR CERTO! Hoje, setembro de 2024, após 15 anos de empreendedorismo e oito anos de vendas diretas, com um time de mais de 70 pessoas, centenas de clientes espalhados pelo Brasil e até fora dele, construí minha liberdade. Já fiquei milionária? Pode-se dizer que sim, porque a qualidade de tempo e saúde mental que tenho hoje nenhum valor financeiro paga. Desejo que o caminho que você decidiu escolher te faça sentir como em uma missão, que você também se torne um milionário de valores intangíveis, se ainda não é, e que seus empreendimentos impactem a vida de um grande número de pessoas. Porque servir a muitos te levará à grandeza. E lembre-se, servir sem abrir mão da pessoa mais importante da sua vida, cuidar da empresa mais valiosa entre todas, VOCÊ.

AGRADECIMENTOS

Agradeço a Deus Pai-Criador, pela oportunidade de experienciar esta vida, aos meus antepassados por serem meus anjos da guarda, e aos meus pais pelo meu DNA. Um agradecimento especial ao meu cônjuge, Márcio Calheiros de Queiroz, meu maior incentivador, melhor amigo e amor. Também agradeço a Wallace Silva e a todos os membros do Empresários SA, por aceitarem realizar este sonho juntos. Muito obrigada!

SOBRE A AUTORA

Dani Ribeiro, curitibana, casada, é uma empreendedora com 15 anos de experiência. Formada pela "Faculdade da Vida", especialista em Vendas Diretas no Digital e no Varejo e Atendimento ao Cliente, além de ser uma *expert* em Comportamento Humano e mentora na área de Saúde do Corpo, Mente e Tempo. Comunicadora e palestrante, Dani tem impactado positivamente diversas vidas por meio de sua atuação.

CONECTE-SE
COM A AUTORA

www.denilsondeoliveira.com.br

@denilsondeoliveira.app

www.astecmobile.com.br

Cada um de nós possui um conjunto único de dons, que nos distinguem da multidão e nos impulsionam a explorar diferentes caminhos. Utilize seus dons divinos para criar valor no mundo e fazer a diferença na vida das pessoas.

Denilson de Oliveira

Multiempreendedor na área de Tecnologia, Consultor de *Startups* e Inteligência de Mercado, Escritor.

SEJA FORTE E CORAJOSO

A jornada do empreendedorismo é repleta de incertezas e desafios que exige mais do que apenas boas ideias ou intenções. Para transformar sonhos e projetos em realidade é necessário um conjunto de características e ações, como um bom plano de negócios, coragem para persistir diante das dificuldades e resiliência para aprender com os erros e as dificuldades que surgirão.

Ao receber o convite para participar deste livro, me recordei dos meus primeiros passos no mundo do empreendedorismo, das lutas, medos e anseios que superei. Pensei em como minha experiência poderia inspirar e guiar aqueles que desejam iniciar seu próprio negócio. Você já se perguntou o que separa os sonhadores dos realizadores? Está pronto para descobrir como conquistei meus objetivos em cenários totalmente adversos?

Minha mãe, Ivete Ilsa, quando me escrevia cartas, sempre recitava muitos versículos, que ela cuidadosamente selecionava para me guiar e inspirar. Um deles se destacava com força: **Josué 1:9** que diz: "**Seja forte e corajoso! Não se apavore, nem se desanime, pois o Senhor, o seu Deus, estará com você por onde você andar**". Ter coragem é essencial! Não só para dar os primeiros passos em direção a um sonho, mas também para superar os desafios ao longo do caminho. Foi assim no primeiro dia na escola, na primeira vez falando em público, no primeiro encontro etc. São os pequenos e grandes atos de ousadia que realmente fazem a diferença entre perseverar ou desistir diante das dificuldades.

Com concentração, audácia e persistência, encontramos soluções criativas para resolver problemas, recomeçar ou superar limites para alcançar vitórias que fortalecem a nossa fé. Foi assim que segui em frente nos momentos mais desafiadores que enfrentei e ainda enfrento em minha caminhada. Portanto, tenha CORAGEM, pois somente arriscando poderemos colher os frutos do sucesso. Espero que minha história inspire outras pessoas, como você, a persistirem em seus sonhos, mesmo diante de obstáculos aparentemente intransponíveis. Somente aprendendo com os erros e superando os desafios é que podemos alcançar o sucesso e construir uma vida profissional gratificante.

SUPERANDO CENÁRIOS E SAINDO DA ZONA DE CONFORTO

Nasci e me criei em Barra do Piraí, RJ. Com dois cursos técnicos em mãos (Controle de Qualidade de Alimentos e Química) e aos

23 anos, decidi dar um passo mais ousado: com uma proposta irrecusável para um recém-formado em nível técnico, desembarquei em Chapecó em 27 de março de 1995 para estagiar na então renomada Chapecó Alimentos. Chegando lá, reencontrei dois colegas de curso, que foram imprescindíveis para minha ida: Valner Alves (*in memoriam*) e o inestimável Marcelo Augusto Marques, um verdadeiro irmão que a vida me presenteou.

Pouco tempo após minha chegada, convidei mais alguns amigos de minha terra natal para aproveitarem junto comigo as oportunidades de uma cidade em franco crescimento como Chapecó, e são eles: Fernando dos Santos Silva e Josias do Nascimento Santos. De certa forma, criei um núcleo de apoio fundamental para nossa adaptação e desenvolvimento, ao mesmo tempo amenizando a saudade da terra natal. Hoje, percebo que foi uma ação gratificante e estratégica.

Ao fim do estágio, ingressei em uma empresa de consultoria de Jaraguá do Sul, SC, que atendia grandes frigoríficos como a própria Chapecó Alimentos, Batavo Alimentos e Frangos Rica. Após pouco mais de um ano, minha veia empreendedora falou mais alto e comecei a atuar como consultor autônomo, onde expandi minha atuação em abatedouros, indústrias de alimentos e supermercados locais. Essa mudança me levou a oportunidades na área comercial, como representante de vendas e gerente de campo em empresas nacionais e multinacionais, onde adquiri experiência em diversos setores como indústria, serviços, telecomunicações, logística, sistema financeiro e energético, sempre na região Sul.

RECOMEÇOS, AMOR, FAMÍLIA E A JORNADA EMPREENDEDORA

Em 2008, conheci minha esposa, Josiane Mellegari. Desde então, ela tem sido minha âncora, oferecendo apoio, força e inspiração durante um período de reconstrução. Dois anos depois, meu filho Raphael Nagel de Oliveira, de 10 anos, fruto de meu primeiro casamento, veio morar conosco, completando nosso lar com alegria e união. Juntos, como família, construímos uma relação sólida, baseada no amor, cumplicidade e no crescimento de todos. Em novembro de 2012, a vida nos presenteou com outra benção maravilhosa: o nascimento da nossa filha, Nathaly Christine Mellegari de Oliveira. Sua chegada aumentou nossa responsabilidade e iluminou ainda mais nosso lar, nos dando a força e a motivação para superar qualquer obstáculo. O nascimento de Nathaly foi um milagre que Deus operou em nossas vidas, pois enfrentamos o desafio da esterilidade da minha esposa. Foi nesse momento que o empreendedorismo se apresentou como uma solução promissora, abrindo portas para um novo capítulo em nossas vidas. A necessidade de melhorar a renda familiar e dedicar mais tempo à família se tornou crucial e só o empreendedorismo poderia me proporcionar a flexibilidade e a realização que buscava.

MUDANÇA, DESAFIOS E CRENÇAS LIMITANTES

A mudança para Santa Catarina abriu novas oportunidades, mas também trouxe desafios de adaptação e crenças limitantes. Apesar de morar em Chapecó, eu passei a maior parte do tempo viajando, o que me dificultou a criar vínculos e parcerias mais sólidas. Eu estava disposto a enfrentar todos os obstáculos para alcançar meus objetivos, usando meus dons, experiências, criatividade e liberdade para tomada de decisões. Hoje, vejo que não precisamos ter todas as condições ideais a nosso favor, pois o que realmente importa é ter fé em Deus, acreditar em si mesmo e estar disposto a arriscar voos mais altos em busca da realização dos nossos sonhos.

Como muitos da minha geração, fui moldado pela expectativa de seguir um caminho tradicional, buscar um bom emprego ou almejar uma carreira no serviço público. Essa mentalidade, enraizada em valores e costumes da época, sempre me influenciou profundamente em minhas escolhas e aspirações. Diante desse cenário, abrir mão dessa "segurança" representaria uma decisão acertada? Abandonar uma carreira consolidada e começar a empreender aos 44 anos, tendo obrigações familiares, não seria arriscado ou irresponsável de minha parte? Hoje digo categoricamente que não! Riscos fazem parte da vida e o importante é saber gerenciá-los com inteligência e planejamento. O início foi desafiador, mas sempre acreditei firmemente que, assim como Deus me supriu como funcionário em todos os momentos, Ele também me supriria como empresário.

EMPREENDENDO EM TEMPOS TURBULENTOS

Tomei a decisão de empreender de fato em 2016, num dos periodos mais turbulentos da história recente do Brasil. O país se afogava em uma crise fiscal de proporções épicas, que culminou no *impeachment* da presidente da República, Dilma Rousseff. A recessão que se seguiu abalou o país de forma profunda, gerando incertezas e dificuldades, para empresários e trabalhadores. Lembro bem da apreensão que senti naquele momento. As notícias eram sempre negativas: inflação em alta, juros elevados, queda do PIB, aumento do desemprego, enfim, um cenário desanimador para quem buscava iniciar um negócio. Esse ano encerrou como a pior recessão da história do país até então, com PIB negativo de 3,6%.

Mesmo diante das adversidades, empreender era a minha escolha e eu tinha um sonho: construir algo sólido e duradouro e deixar um legado para meus filhos; e a crise, por mais difícil que fosse, não me faria desistir. Em vez de me deixar abater, decidi usar esse momento como uma oportunidade de aprendizado. Mergulhei em livros, vídeos e cursos sobre várias áreas do empreendedorismo para me aperfeiçoar e estar melhor preparado nesse cenário. Era como se cada minuto fosse um precioso momento para construir algo que me daria sustentabilidade nesse caminho. Nesse ambiente adverso e desafiador, onde o cenário externo representava um risco significativo, a minha busca por autonomia era absoluta, pois para mim era crucial ter o controle total sobre o meu destino.

DONS, A ESSÊNCIA DO EMPREENDEDORISMO

A crise me ensinou a ser resiliente, a me adaptar rapidamente às mudanças e a tomar decisões estratégicas com base em dados e análises. Entendi que todos nós nascemos com dons e aptidões específicas e, desde o berço, somos presenteados com uma variedade de habilidades, como talentos musicais, mentes matemáticas, criatividade artística, maestria culinária, dentre outras. Cada um de nós possui um conjunto único de dons, que nos distinguem da multidão e nos impulsionam a explorar diferentes caminhos. Em meu caso, com dons musicais, iniciei minha jornada empreendedora aliando *hobby* com trabalho. Junto com meu cunhado, Jonatan Luiz, que também era músico e estava "disponível no mercado", montamos um *home* estúdio de gravação para fazer áudio publicidade como gravação de comerciais, vinhetas, esperas telefônicas e *jingles*. Embora esse não seja o meu negócio atual (minha esposa e meu cunhado continuam nesse segmento), foi o que me permitiu "entrar" no mercado. Com o tempo, fui guiado por Deus para novas oportunidades, sempre reconhecendo que nossas habilidades têm um propósito específico neste mundo. Não utilizar essas habilidades seria cometer o mesmo erro do servo infiel relatado na parábola dos talentos, em **Mateus 25:14-30**. Assim como o servo da parábola, cada um de nós foi agraciado por Deus com habilidades e capacidades únicas. Colocar esses dons em prática e prosperar é honrar a Deus e a nossos pais, como sempre bem diz meu mentor, Paulo Bento. Cabe aqui considerar a história de Silvio Santos como um exemplo emblemático de como dons naturais podem ser a chave para o sucesso, mesmo diante de desafios. Suas aptidões inatas de comunicação eficaz, carisma contagiante e oratória impecável foram fundamentais em sua trajetória.

O PODER DAS CONEXÕES

Um dos aprendizados mais profundos que obtive em minha jornada como empreendedor foi a importância do apoio humano. Embora o talento individual seja fundamental, o sucesso raramente é conquistado de forma solitária. Tive a imensa graça de Deus de contar com pessoas excepcionais ao meu lado, me desafiando e me inspirando de maneiras diferentes. A participação de todos, no início da minha caminhada, foi crucial. Outras conexões também transformaram significativamente minha trajetória. Um grande amigo e incentivador, Joaquim Folmer, me conectou com Tiago Joner, na época um inovador profissional de mídias sociais. Percebi que os trabalhos que o Tiago desenvolvia poderiam complementar com o serviço da minha empresa. Trabalhamos em conjunto e tivemos um grande salto de crescimento mútuo, sendo que alguns anos depois nos tornamos sócios em uma nova empresa, na qual ainda estamos lutando juntos para crescer e superar novas adversidades.

Isso prova que em um mundo cada vez mais competitivo e interconectado, o *networking* se torna uma ferramenta essencial e, ao construir relacionamentos sinceros e estratégicos, podemos ampliar oportunidades e contribuir para que todos alcancem novos patamares. Também é possível se conectar com potenciais clientes, parceiros, fornecedores e, no meu caso, até investidores, como os amigos Jean de Jesus e Vanderley. Além disso, ao interagir com empreendedores e profissionais experientes, os empreendedores têm a chance de evitar erros comuns e podem assim enfrentar desafios com mais confiança.

Uma boa rede de contatos possibilita o acesso a uma variedade de recursos, desde informações de mercado até financiamento e oportunidades de capacitação. Essas redes também são centros de inovação e colaboração, proporcionando um ambiente propício para troca de ideias e parcerias criativas. Por fim, o apoio emocional oferecido por uma rede de *networking* não pode ser subestimado, pois empreender pode ser uma jornada solitária e desafiadora, e ter um grupo de colegas empreendedores pode fornecer o suporte necessário para superar os obstáculos e manter o foco.

Em resumo, participar ativamente de uma rede de *networking* pode ser crucial e se hoje escrevo este livro em coautoria foi por ter me conectado com pessoas altamente empreendedoras do grupo de *networking* Empresários SA, dirigido pelo grande amigo Walace Silva, assim como João Abreu e os demais coautores.

APRENDIZADO CONTÍNUO

Em um mundo em constante mudança, a busca incessante por conhecimento e atualização se torna crucial para o sucesso em qualquer área, especialmente no empreendedorismo. Para alcançarmos resultados excepcionais, precisamos estar sempre atentos às novas tendências, tecnologias e práticas que podem otimizar nossos processos e nos impulsionar. "É impossível para um homem aprender aquilo que ele acha que já sabe." Essa frase do filósofo Epicteto, que me acompanha desde o início da minha carreira, ressalta a importância da humildade e do aprendizado contínuo. Sempre fui um profissional focado em entender as coisas de fora para dentro, buscando compreender as necessidades e desejos do mercado antes de propor qualquer solução. Acredito que a escuta ativa é fundamental para o sucesso de qualquer estratégia, pois permite que nos conectemos com o público de forma autêntica e eficaz. A pergunta deve ser: qual problema minha empresa/produto resolve? Ao invés de "reinventar a roda" ou criar ideias mirabolantes sem base na prática, devemos procurar entender as dores e aspirações do mercado para, então, desenvolver soluções que realmente agreguem valor aos clientes.

Tive a oportunidade de vivenciar desafios e aprendizados que me fortaleceram como profissional e uma lição importante foi: saber ouvir mais e falar menos. Essa abordagem exige humildade e desprovimento de arrogância. Costumo chamar de pedir benção para o "Sr. Mercado" todos os dias. A escuta ativa nos permite conexão profunda com o público, para entender suas necessidades e construir soluções adequadas. Obtive e ainda continuo obtendo grandes resultados com essa metodologia até hoje.

O aprendizado contínuo é essencial para o sucesso nos negócios e por meio da participação em eventos, cursos e da leitura constante, podemos aprimorar nossas habilidades e conhecimentos, tornando-nos profissionais mais completos, eficientes e atualizados.

A JORNADA FINAL: UMA CELEBRAÇÃO DO CRESCIMENTO E DA TRANSFORMAÇÃO

Ao longo do relato dessa minha jornada, você explorou os meandros da minha força interior, transcendendo a zona de conforto, abraçando recomeços, celebrando o amor e a família e desvendando a minha alma empreendedora. Espero que as experiências vividas e relatadas por mim possam te encorajar e contribuir com sua trajetória, te inspirando a trilhar seu próprio caminho com coragem, determinação e fé em seu potencial.

A jornada empreendedora pode ser árdua, mas o sucesso e a realização pessoal o aguardam ao final. Que este livro sirva como um farol para guiar seus passos em direção ao sucesso e à realização pessoal. E lembre-se: a força interior reside em cada um de nós. Acredite em seu potencial e jamais desista de seus sonhos. Enfrente os desafios com resiliência e adaptabilidade. Aprenda com seus erros e busque o aprendizado contínuo. Construa relacionamentos genuínos e utilize o *networking* a seu favor. Utilize seus dons divinos para criar valor no mundo e fazer a diferença na vida das pessoas.

AGRADECIMENTOS

Ao finalizar meu depoimento neste livro, gostaria de expressar minha profunda gratidão a todos que me apoiaram e incentivaram durante a sua criação. Agradeço à minha esposa Josi, a meu amado filho Raphael, falecido há exatos 5 meses antes do início da escrita deste livro, aos 23 anos de idade, à minha filha Nathaly Christine, aos demais familiares, amigos, mentores e leitores por acreditarem em meu trabalho e por me proporcionarem a oportunidade de compartilhar esta história inspiradora com o mundo. Que Deus nos abençoe!

SOBRE O AUTOR

Denilson de Oliveira é um gestor empresarial com mais de 18 anos de experiência em empresas de renome, como Brasil Telecom, OI, Baterias Moura e Vivo, ele possui profundo conhecimento em estratégias de negócios. Formado em Tecnologia do Empreendimento com ênfase em *Marketing* e Vendas, e com uma pós-graduação em Gestão Empresarial, ele alia sua sólida formação acadêmica à vasta experiência prática. Nos últimos oito anos, tem se especializado em *Growth Hacking*, impulsionando *startups* e desenvolvendo mais de 170 aplicativos móveis, além de atuar como mentor em diversas iniciativas. Através da 19 Educação, aprendeu com as melhores práticas do Vale do Silício, aplicando esses conhecimentos na mentoria de empreendedores.

CONECTE-SE COM O AUTOR

www.canizoesilva.com.br

reginaldosilvarj

reginaldo-silva-cs

Cada cliente que você conseguir precisa se tornar único. Cada interação com esse cliente é uma oportunidade de aprender algo novo.

Reginaldo Silva

Advogado, Sócio-fundador do Escritório Canizo e Silva Sociedade de Advogados.

APRENDA A VENDER

Desde muito pequeno sempre tive em meus pensamentos que seria empresário, mesmo sem saber o significado da palavra. Quando criança, meu maior sonho era ter uma empresa. Tenho em minha mente a lembrança de um dia muito emblemático, em que o meu querido pai, já falecido, me perguntou enquanto tomávamos café da manhã: "Reginaldo, já pensou no que você vai ser quando crescer?" e minha resposta foi: "Chefe!". Em resposta, meu pai me fez outra pergunta: "Mas chefe de quê?" e eu, na minha completa e pura inocência infantil, sem qualquer gota de profissionalismo, falei: "Não sei, pai, mas quero ser chefe de alguma coisa. Eu preciso ser o dono!".

De fato, naquela época eu não tinha nenhuma noção do que era empreender. Pela idade – entre 10 e 11 anos – não era o tipo de conversa que se desenvolvia nas rodas de amigos do bairro ou da escola. No entanto, também me recordo muito bem daquela fatídica semana, tudo de forma muito cristalina e viva, pois lembro-me minuciosamente de todos os detalhes do que aconteceu no dia 1º de maio de 1994, quando eu tinha somente 10 anos. Calma! Não é a lembrança da infeliz morte do nosso campeão Ayrton Senna, no Grande Prêmio de San Marino, no Autódromo Enzo e Dino Ferrari, em Ímola, na Itália, muito menos alguma comemoração do Dia Mundial do Trabalho, mas sim da primeira aula que recebi sobre vendas.

Como assim, doutor? Aos 10 anos teve sua primeira aula de vendas? Sim! Ainda menino tive a minha primeira aula de vendas e foi em uma feira livre, vendendo frutas. Eu faria 11 anos naquele mesmo ano, em agosto.

Não sou de família rica e tive que batalhar desde cedo para conseguir vencer na vida. Passava fome? Não, nunca! Tinha uma casa para morar? Sim! Tinha roupas para vestir? Sim! Mas, pode-se imaginar como é uma casa na Baixada Fluminense, em um bairro chamado Jardim Metrópolis, na cidade de São João de Meriti, com 6 filhos e um pai assalariado. Para se ter uma ideia, a cidade onde nasci e morei até os 18 anos alcançou, em 2010, sua melhor colocação na economia do Estado do Rio de Janeiro. Entre os 92 municípios do estado, ela ocupou o 86º lugar naquela ocasião, apresentando um Índice de Desenvolvimento Humano Municipal em 0,179.

Diante das circunstâncias, eu tinha duas opções: seguir o caminho errado da marginalidade, como quase todos os meus amigos de infância, ou me apegar ao trabalho e ao estudo. Preferi a segunda, sem qualquer tipo de dúvida. Então, no dia 1º de maio de 1994, em um domingo nublado, eu estava na feira livre para arrumar um espaço nas barracas para vender frutas. Consegui um "consignado" como vendedor de laranjas-lima na barraca de número 7 (sete) de um senhor chamado Jorge. No final do dia, eu receberia um valor X pelo número de vendas e tinha o "direito" de levar 2 kg de qualquer fruta para casa.

Sr. Jorge me perguntou: "Garoto, sabe arrumar laranja?". Respondi com um "sim" cheio de energia. Não sei como, mas arrumei uma bancada inteira de laranjas. A segunda pergunta foi: "Garoto, sabe vender frutas?". E mais uma vez eu respondi: "Sim! Eu sei!". Dessa mentira eu não escapei. Foi quando ele falou: "Comece a vender...". Tive um calafrio enorme e minha voz sumiu. Logo o Sr. Jorge desvendou minha mentira. Também não sei se em algum momento ele acreditou em mim.

Então, o Sr. Jorge iniciou e terminou a explanação de sua aula com apenas uma frase: "Garoto, você vai sorrir, vai levantar sua cabeça, olhando para o cliente e vai gritar: Olá, freguês(a), trouxe uma laranja para você, venha conferir!". Quando terminou este curso de vendas, não ganhei "um diploma", ganhei foram vários diplomas – sacolas plásticas para colocar as laranjas para os clientes – e fui para as vendas. Aos poucos, fui melhorando e fiquei bom como vendedor de frutas.

Eu não tinha noção que trabalhar esta pequena habilidade de vendas quando ainda criança seria essencial para meu futuro como empreendedor. Fiquei com Sr. Jorge por quase dois anos. Meu último dia de trabalho foi em 2 de março de 1996. Sabem o que aconteceu neste dia? Sim, perdemos um grupo de jovens músicos chamado Mamonas Assassinas. E eu perdi meu trabalho. Sr. Jorge faleceu naquele mesmo dia em um acidente de carro quando se dirigia para a feira.

Após essa grande experiência e antes de me tornar efetivamente um empreendedor, fiz muitos trabalhos, em obras na construção civil, supermercados, investindo, inclusive, na carreira futebolística, mas sem sucesso. Passei por algumas empresas nacionais e multinacionais, onde aprendi absurdamente como é trabalhar pesado até progredir e seguir onde estou hoje, na carreira jurídica como advogado.

No ano de 2008 eu terminava minha faculdade de Direito. Estava estudando muito e doido para processar todas as empresas, por qualquer coisa. Os bancos eram minhas vítimas preferidas. Penso que as faculdades de Direito no Brasil focam tanto na letra fria da lei que nos tornam uma máquina de ajuizamento de processos, de corpo e alma somos litigantes ferrenhos e agressivos.

Não podemos negar que é, sim, importante a concentração dos ensinamentos jurídicos e a prática do Direito, que é fundamental. Jamais negarei isto! É algo basilar para um bom profissional desenvolver suas habilidades técnicas, e isso não se nega. Porém, até que ponto vai prejudicar o curso de Direito, Engenharia, Medicina, Psicologia etc. uma aula de vendas ou *marketing* no decorrer da faculdade? Como estimulamos os advogados a abrirem seus escritórios, conseguirem clientes, se não entendemos que mercado explorar? Como explorar? Onde vender nossos serviços? Quem é nosso potencial cliente? Como angariar negócios neste nicho?

Em outubro de 2012, acompanhado de minha sócia – que é minha amada esposa Liv Canizo – decidimos abrir o nosso escritório. O Canizo e Silva Sociedade de Advogados nasceu visando atender exclusivamente o público empresarial. No entanto, desde cedo, ficou muito claro que o desenvolvimento das habilidades de vendas era muito útil e importante para o advogado, especialmente para aqueles que estão iniciando sua própria carreira, em sua própria empresa, como nós naquela época.

Com apenas um cliente, nada mais! Sem sala, com um computador quebrado, com linha telefônica emprestada, sem impressora, trabalhando de casa, entre outras dificuldades... Imagina se naquela época pensaríamos em técnicas de vendas?! Queríamos clientes, mas não sabíamos como vender, quando vender e para quem vender. Era um desafio absurdo e uma pressão enorme todos os dias.

A nossa escola de formação profissional foram empresas e escritórios prontos. Éramos funcionários, nossa responsabilidade era cuidar dos clientes, não os trazer. Isso de certo ponto incomodava, pois já havia um entendimento e noção de empreendedorismo, com a vontade do negócio próprio. A orientação era na excelência da prestação de serviços visando à retenção. Este conceito para os profissionais que saem da cadeira de Direito não significa muita coisa, é entendido apenas como uma orientação para sermos um profissional exemplar, ou seja, um Advogado "Top".

Iniciamos a nossa jornada de vendas com aquelas ligações frias. Busquei diversas listas de empresas na internet com o nicho de mercado que entendíamos ser interessante e que conseguiríamos atender para prestar o serviço com qualidade. Passávamos o dia inteiro ligando para todos os contatos da lista. Dificilmente as pessoas que tinham o poder de decisão nos atendiam através do telefone. Quem era Reginaldo Silva? Quem era Liv Canizo? E o escritório de advocacia Canizo e Silva? Nunca ouvi falar! Era bem difícil.

Raramente, algumas pessoas falavam conosco. Realizamos muitas reuniões e aos poucos foram nos contratando, de maneira muito tímida. Ainda estávamos muito longe de nossas metas, mas era o que tínhamos. O momento era de agradecer com a nossa fé e seguir em frente.

Surgiu a ideia de nos associarmos a outros profissionais, do ramo do Direito ou empresas de consultoria, onde poderíamos incluir os serviços jurídicos como um agregador na prestação dos serviços. Foi algo muito interessante e acelerou nosso crescimento, pois eram escritórios de advocacia ajudando outros escritórios de advocacia, outros departamentos jurídicos e outros advogados.

Esse trabalho de *networking* nos proporcionou a montagem de um escritório de verdade, equipá-lo com a melhor tecnologia, montar uma equipe interna e possuir mais de 60 colaboradores espalhados pelo Brasil. Esse crescimento exponencial e acelerado perdurou até a pandemia da covid-19.

Em março de 2020, o escritório teve seu maior tombo, foi algo extremamente violento e devastador. Com a pandemia, perdemos 95% dos nossos clientes. Isso mesmo, 95% dos nossos clientes fecharam, ou deixaram de pagar, ou foram para um escritório mais barato etc. Claramente, diante deste cenário, não precisamos pensar muito para imaginar que foram meses difíceis, o que inclusive prejudicou drasticamente minha saúde mental.

O que demorou 8 anos para crescer efetivamente desapareceu em 30 dias. Foram momentos desafiadores que tivemos que absorver. Foram dias complicados, mas apenas com muita fé, reinvenção e resiliência conseguimos tomar medidas dentro da nossa nova realidade. Mas vender o que se nosso nicho na área jurídica acabou? Precisávamos nos reposicionar, criar um produto novo, aprender a vendê-lo e ir às ruas prospectar, e, claro, com a força que ganhou a internet neste período, fazer as vendas *on-line*. A partir desse momento de grandes desafios, deixamos de caminhar sozinhos e iniciamos diversas parcerias com empresários, condomínios, associações, advogados, contadores e empresas de diversos ramos de serviços. Inicialmente, foi uma ajuda mútua, pois todos precisavam de serviços e novos trabalhos.

Atualmente, em nosso estágio profissional, não nos restam dúvidas de que as habilidades de vendas ajudam quaisquer advogados e empresários, de qualquer nicho, a atrair e reter clientes. Este aprendizado se faz completamente necessário. Portanto, saber realizar uma venda é algo que precisa ser entendido por todas as pessoas da empresa, pois a todo momento você está vendendo, seja no atendimento telefônico, na resposta de um *e-mail* ou em um encontro presencial. Toda empresa precisa ao menos entender algumas técnicas, alguns processos estruturados, com ferramentas certas, para aplicar em seu negócio e no seu dia a dia. Você pode precisar vender suas ideias em diversos momentos do seu dia, em uma reunião, no almoço, ou até mesmo em um encontro inesperado. Em qualquer lugar, você precisa estar preparado para vender sua empresa e para vender seus serviços.

Quando você é um empreendedor, o dono do negócio, saber vender é crucial para o sucesso da companhia, e isso é indiscutível no meio corporativo. Você precisa ser capaz de vender sua visão, seus produtos ou serviços para atrair clientes e investidores. No nosso caso, por exemplo, recebemos e buscamos o público empresarial. São empresários que possuem ou não querem possuir problemas jurídicos. Diante disto, precisamos entender o que o cliente efetivamente precisa, estudar as possibilidades, pensar na melhor ação e, só depois, precificar e efetivamente concluir a venda.

Vender um serviço jurídico envolve a capacidade de comunicar efetivamente, ser verdadeiro, entender o que o cliente precisa e agir. Você precisa ser capaz de entender as necessidades e desejos deles, seja pessoa física ou jurídica, e comunicar como seu produto ou serviço pode atender a essas necessidades. Acredito que em outros ramos não seja tão diferente. Se entendemos sua dor, saberemos vender o que ele precisa.

Aprender a vender pode ajudar a construir uma sólida confiança nos negócios, pois você sempre vai precisar acreditar em si mesmo e em seu produto ou serviço para ser capaz de vendê-los efetivamente e exercer de forma correta o que ofereceu. Vender é uma forma de arte que requer a habilidade de convencer alguém a tomar uma ação em relação à sua oferta. Ao aprender a vender, você está essencialmente aprendendo a arte da persuasão, que pode ser útil em muitas áreas da vida.

Quando estamos falando do dia a dia de vendas, podemos notar o quanto o mercado nacional e internacional mudou desde 2020. A economia mundial deu um giro de 180º graus, sem pedir qualquer tipo de licença, e continua em constante evolução. As empresas entenderam que se não inovarem e não aprenderem a vender perderão espaço no mercado. No passado, as empresas que trabalhavam de forma errada quebravam. Atualmente, você pode quebrar fazendo a coisa certa. Basta ficar parado sem prestar atenção no mercado empresarial.

Nós, que somos um escritório de advocacia – e advogados, claro – , possuímos uma limitação muito grande por conta das restrições impostas pela Ordem dos Advogados do Brasil. A nossa atuação na forma de fazer propagandas e vender é bem engessada e específica. Há pouco tempo, tivemos algumas mudanças no Estatuto da Advocacia e a Ordem dos Advogados do Brasil, mas comparado à evolução de outras profissões, fica claro que foi algo mínimo, ficando ainda um hiato absurdo, muito distante da atenção necessária que a profissão exige.

Procuramos incansavelmente desenvolver nossas habilidades de vendas e *marketing*, incluindo em nossa jornada alguns cursos, treinamentos, livros ou recursos *on-line* específicos para advogados. Alguns funcionam e outros não.

Com este aprendizado e experiência adquirida na prática, ficou clara a necessidade de adaptar nossos serviços às necessidades específicas do cliente. Não costumo dizer que somos um escritório especializado na área X, Y ou Z. Digo ao meu cliente que se a empresa tem um problema, precisamos resolver, e ofereço uma solução personalizada. Essa prática reflete um ponto extremo de honestidade, que é crucial na construção de uma relação de confiança entre ambas as partes, que é a base de qualquer relação comercial duradoura.

Nessa trajetória, ficou clara a necessidade de ajudar o cliente a entender o que ele precisa. Muitos clientes não possuem conhecimento técnico sobre Direito. Por isso, consideramos fundamental educar nossos clientes sobre suas necessidades legais. Ao ajudá-los a entender o que eles precisam, somos capazes de oferecer soluções mais eficazes. Quem se encontra no meio de um problema dificilmente enxergará uma solução com clareza.

As vendas podem ser desafiadoras e exigem resiliência, dedicação e uma atitude positiva todos os dias. Mas, lembre-se, que cada desafio é uma oportunidade de aprender e crescer. Jamais desista!

Não desista após uma rejeição, isso é para os fracos e você é forte e capaz! Em vez disso, veja isso como uma oportunidade de melhorar sua abordagem, estude e tente crescer um pouco mais a cada dia.

Cada venda que você realizar, não importa quão pequena seja, é uma conquista. É resultado do seu esforço, da sua dedicação e retorno do seu investimento. Celebre esses momentos para manter a motivação sempre viva e clara em sua mente, assim como a luz do sol.

Cada cliente que você conseguir precisa se tornar único. Cada interação com esse cliente é uma oportunidade de aprender algo novo. Tenha-o como um parceiro de negócios, entendendo que ambos podem efetivamente ganhar e crescer.

Meus queridos amigos, lembrem-se de que o sucesso em vendas e nos negócios não acontece da noite para o dia. O retorno do seu esforço não vem de forma imediata, e requer tempo, dedicação, resiliência e muita paciência. Entretanto, com a atitude certa e a estratégia correta para seu negócio, você pode alcançar seus objetivos.

Todos os dias agradeça a Deus – ou para aquele que sua fé permitir – por ter seus clientes. Eu, particularmente, amo todos os meus clientes e estou preparado para oferecer cada vez mais o melhor serviço jurídico do mundo para eles.

AGRADECIMENTOS

Ao Grande Arquiteto, pela inspiração, força e sabedoria. À minha amada esposa, Liv, por ser minha base e apoio incondicional. Aos meus filhos, Liana e Talles, por serem minha inspiração diária. E aos amigos da rede Empresários SA, por compartilharem ideias e sonhos. Meus sinceros agradecimentos a todos.

SOBRE O AUTOR

Reginaldo Silva é um advogado especializado em Direito Empresarial, pai dedicado, apaixonado por ajudar empreendedores, *startups* e grandes corporações a superar desafios jurídicos e alcançar seus objetivos comerciais. Com vasta experiência em multinacionais e grandes escritórios, desenvolveu uma visão completa do ciclo jurídico.

CONECTE-SE COM O AUTOR

@dra.renataibiapina

@renataibiapina

renataibiapina

As pedras não me param. Mas só com a maturidade entendi a importância de tê-las colecionado! De tropeços a alicerces, cada uma teve o seu valor.

Renata Ibiapina

Médica Anestesista, Auditora e Advogada, Mentora em Auditoria e Empreendedorismo Médico, Diretora Técnica da Confraria Médica e Cofundadora da Ibiapina Jourdan Sociedade de Advocacia.

MÉDICA, ADVOGADA E EMPREENDEDORA... OU SIMPLESMENTE ALGUÉM QUE ESCOLHEU AONDE IR!

Por muitas manhãs, tal qual Alice, acordei sabendo quem eu era, mas ao entardecer do mesmo dia me peguei por diversas vezes questionando a imagem que se formava no espelho diante de mim. Afinal, quem era aquela figura que se transformava tanto a ponto de, por vezes, não se reconhecer? Quem era aquela menina que estava eternamente buscando algo sem nunca se satisfazer? Como definir a mulher que se levantava a cada alvorecer cheia de expectativas e planos, metas para o dia e a vida, mas que se deitava comprometida com projetos totalmente inesperados e que os cumpria com excelência, não importassem os sacrifícios? Aonde isso a levaria? A cada objetivo alcançado, um novo alvo era quase imediatamente traçado! Nunca um alvo simples, medíocre, corriqueiro. Não. Nunca fui uma mulher de conformismos ou que, tropeçando em pedras, desistisse da caminhada. Não.

As pedras não me param. Mas só com a maturidade entendi a importância de tê-las colecionado! De tropeços a alicerces, cada uma teve o seu valor.

Segundo minha amiga, Alice, eu podia explicar uma porção de coisas, mas não podia explicar a mim mesma. Me recordo de ouvi-la dizer que a cada manhã se sentia um bocadinho diferente e se descobrir era o grande enigma da vida!

Nasci em uma família de mulheres fortes. Meu nascimento desafiou a fé. Fé em Deus. Fé na vida. Não. Não há como explicar minha trajetória sem mencionar o imenso amor e a importância de Deus em tudo o que faço. Minha gratidão a ELE é infinita por ter feito, antes de tudo, o coração de minha mãe voltar a bater minutos após eu vir a este mundo. Sempre escutei de minha avó, uma mulher empreendedora à sua maneira, que Deus tinha grandes planos para mim. Em sua humilde sabedoria, ela já tentava me ensinar sobre o conceito de propósito, mas somente após os 45 anos é que tudo isso fez sentido para mim. Após muitos diálogos com Alice e Lewis[1], entendi que é fácil saber o que deveríamos ter feito ontem. Sabemos o que devemos fazer amanhã, mas nunca sabemos o que devemos fazer hoje. Sabe o porquê? O ontem já aconteceu e conhecemos os fatos, mas discutir com propriedade jogadas e gols que já aconteceram não faz de nós um técnico brilhante. Saber o que fazer amanhã também não faz de mim um estrategista se eu não souber o que fazer hoje! Alice tem um gato que pensa que é gente! Ela jura que ele fala com ela! Que loucura!

1 Lewis Carroll, escritor e autor da obra Alice no País das Maravilhas.

Quando se perdeu uma vez e ela não sabia que caminho tomar, o gato disse a ela que tudo dependia do lugar para onde quisesse ir! Indecisa como é, minha amiga acabou por reconhecer que não sabia para onde ir! Ah! Francamente! Se você não sabe para onde ir qualquer caminho serve!

Quando finalmente compreendi o que Lewis e Alice tentavam me ensinar o tempo todo através de suas vivências no país maravilhoso em que moravam foi que a empreendedora que habitava em mim simplesmente aconteceu.

Nesse sentido, foi uma virada de chave aprender com esses amigos queridos que um dos segredos mais profundos da vida e que tudo que realmente vale a pena é o que fazemos para os outros! Dizem que Lewis escreveu isso em uma carta para sua amiga, a atriz inglesa Ellen Terry, em 1890. Já eu penso que meu amigo Lewis estava, na verdade, criando o conceito de *networking*. Afinal, o *networking* em sua mais pura essência é traduzido pelo ato de servir ao outro em uma grande engrenagem que, se mantida em funcionamento harmônico, é capaz de gerar valores inestimáveis.

Mas, já que estamos nós aqui neste diálogo aberto, que bem poderia ser permeado por uma boa garrafa de vinho entre amigos, permita-me discorrer um pouco mais sobre a minha vida e como cheguei até aqui. Se quiser buscar sua taça, eu te espero. Temos muito para conversar. Sim. Isso mesmo! Você precisa entender a importância de se conectar verdadeiramente com as pessoas. Se importar com quem está ao seu redor, antes de mais nada, é o primeiro passo para criar uma rede de contatos efetiva e de valor. Se o seu cliente prospectado ou mesmo um outro empresário com potencial para se tornar um parceiro não conhecer você e o seu negócio ele não vai te contratar e, ato contínuo, não vai te indicar para ninguém! Afinal, pessoas compram de pessoas e quem vai comprar o que não conhece ou confia? Quem indicaria um serviço que não compraria para si mesmo? Então, guarde esta lição. Conecte-se com pessoas. Chame-as por seus nomes. Demonstre interesse legítimo em conhecer suas necessidades. Seja a solução para os problemas dos seus clientes. Ah! Lá vem esse tal de propósito de novo! Já falo sobre ele. Entender o seu propósito, isso, sim, muda o jogo!

Pois bem, de volta ao meu passado, preciso dizer que cresci em antítese. Era tímida e, ao mesmo tempo, extremamente comunicativa, desenvolta com as palavras. Como era possível? Simples. Apesar da timidez que me envolvia, a necessidade de me fazer não apenas ouvir, mas compreender, era maior do que tudo. Essa foi mais uma lição sedimentada com o empreendedorismo. Não basta eu falar. É preciso me comunicar e a comunicação só se efetiva com a compreensão do meu ouvinte, meu cliente. Como vender o meu produto se meu cliente sequer entender o que eu vendo ou a necessidade dele que o meu produto possa suprir? Aprendi também que a linguagem para o ouvinte deve ser tão clara quanto aquela que lhe toca a alma e o faz desejar a todo custo comprar a sua ideia, a sua solução. O seu produto é isso. Uma solução a um problema que o outro possui. Então, Alice que me perdoe, mas os diálogos com o Chapeleiro confundiriam o seu cliente e, como empreendedor, você passaria a eternidade no País das Maravilhas sem nunca concretizar uma venda. Então, para o empreendedor iniciante fica a dica: desenvolva a habilidade da comunicação, treine, faça aulas de oratória se necessário, mas propague a sua ideia de forma clara e assertiva para que sua voz seja semente em verdes campos de oportunidades.

Alice me contou outro dia que o Chapeleiro em um de seus momentos de lucidez foi quem a aconselhou a rodear-se de pessoas que fizessem rir o seu coração. Achei bastante coerente e levei o conselho para o empreendedorismo, afinal, se vivo o meu propósito, então a gestão do meu negócio é leve, ela flui. E, indo mais longe, ouso dizer que se desenvolvo todo o meu potencial com prazer e foco total e o faço com leveza, então estou no *flow* e a escala dos meus negócios será exponencial.

Esse conselho do Chapeleiro também me remeteu ao que pregava o empresário americano Jim Rohn[2]: "Você é a média das cinco pessoas com quem mais convive".

Será que Jim e o Chapeleiro eram amigos?

Cerque-se de pessoas que compartilhem dos mesmos valores, princípios e ambições. Sim. Ambição. Fomos moldados desde nossa infância a acreditar que ambição era algo feio, vergonhoso e desleal. A ambição honesta, justa e que respeita o outro é bem-vinda e move o mundo. Segundo o dicionário Oxford, ambição é

2 CANFIELD, Jack; SWITZER, Janet. *Os princípios do sucesso*. Rio de Janeiro: Sextante, 2007.

o anseio veemente de alcançar determinado objetivo; de obter sucesso; aspiração; pretensão.

Alguns amigos vão ficar pelo caminho. Não vão entender a sua busca. Não te apoiarão. Não te seguirão nas redes sociais e se seguirem, muitos, quiçá a maioria, não vão curtir, nem compartilhar suas postagens. Não vão consumir os seus produtos. Muitos vão, inclusive, comprar da concorrência e ESTÁ TUDO BEM. Essa jornada não é para todos. A parte boa é que novos e duradouros amigos virão. Amigos que vão entender a sua luta e vão te dar a mão até a linha de chegada por seguirem na mesma direção.

Quando cheguei na vida adulta, apesar das aulas de teatro e do planejamento de cursar Jornalismo, acabei optando pela Medicina, mais especificamente pela Anestesiologia. Aqui tive que aprender sozinha o que a faculdade não me ensinou. Aprender a manusear tabelas e destravar com os pacientes conversas sobre valores de serviços, cobranças e pagamentos, emissão de notas fiscais. Empreendedorismo puro.

Durante a caminhada, foi necessário ajustar as velas do barco algumas vezes e, ouvindo as histórias de Alice, ela me ensinou que a única forma de chegar ao impossível é acreditar que é possível. E é, principalmente, se alguém que você admira já fez.

Nada é mais fundamental do que a descoberta do seu propósito e o quanto de valor você vai agregar nas vidas que você e o seu produto tocarem. Para que o conhecimento se espalhe e multiplique é preciso transbordar. Uma árvore eternamente carregada de frutos que não são colhidos fica pesada e tomba. É preciso, então, florescer, dar frutos e transbordar o que se traz por dentro. Conhecimento foi feito para ser compartilhado.

Vivendo essa máxima, cheguei, enfim, ao meu curso de Auditoria Médica *on-line*, em que faço a formação de médicos auditores, ou seja, transbordo conhecimento de forma constante e técnica. E ouça! De todas as lições que Alice me ensinou, uma me tocou muito. Em momentos de dúvida, fique em silêncio. Ouça o som do silêncio. Pratique a escuta ativa e ouça o seu cliente com atenção. Ele não apenas é um potente comprador de um produto seu. Ele é o seu transbordar. Você e o seu cliente precisam se conectar, seja por espelhamento de movimentos, seja por assuntos de interesse comum, mas é fundamental que o *rapport* aconteça para que a venda flua de forma natural e leve.

Eu não sou muito de acreditar em "verdades absolutas" porque me soam um tanto ditatoriais e distantes da realidade dos fatos, mas uma verdade é inquestionável e foi a maior de todas as lições aprendidas. Coloque Deus em tudo o que fizer. Caminhe ao lado Dele. Divulgue a sua Palavra por onde passar e jamais estará sozinho.

> *"Eis que estou à porta e bato. Se alguém ouvir a minha voz e abrir a porta, entrarei e cearei com ele, e ele comigo."*[3]

É primordial saber partilhar o fruto da conquista. A doação tem que fazer parte da vida de todo empreendedor, seja o investimento

3 Apocalipse 3:20

em ações sociais ou mesmo a doação do seu tempo, o que, aliás, é o maior presente que podemos dar a alguém: o nosso tempo.

"Lembrem-se: aquele que semeia pouco também colherá pouco e aquele que semeia com fartura também colherá fartamente. Cada um dê conforme determinou em seu coração, não com pesar ou por obrigação, pois Deus ama quem dá com alegria. E Deus é poderoso para fazer que toda a graça lhes seja acrescentada, para que em todas as coisas, em todo o tempo, tendo tudo o que é necessário, vocês transbordem em toda obra."[4]

Precisamos também falar sobre o tempo e algumas regras básicas de sobrevivência. O tempo vai parecer cada vez mais escasso. Os seus dias continuarão tendo 24h como os de todo mundo, mas as suas horas precisarão ser bem divididas e a agenda organizada, do contrário, a ansiedade gerada por compromissos não cumpridos poderá te paralisar. Agenda. Programação. Rotina. Boas noites de sono. Momentos de lazer, de esvaziar a xícara, e atividade física são fundamentais para manter o corpo são e a mente atenta, produtiva.

Ah! E jamais inverta a ordem: saúde, família, trabalho. Inverter a ordem é perigoso, muito perigoso. Não o faça.

Assim, deixo para você, amigo leitor, colega empreendedor, as principais lições que aprendi nessa caminhada pelo mundo do

---

4 2 Coríntios 9:6-8

empreendedorismo. Tal como Alice e seu gato e, lógico, meu amigo Lewis, sigo fascinada por esse maravilhoso mundo de oportunidades e descobertas, inovações e aperfeiçoamento constante.

Te convido, então, a seguir comigo pela estrada de tijolos amarelos que minha amiga Dorothy percorreu para chegar a Oz. Nossa! Tantas histórias! Acredita que ela fez uma série de amigos inusitados pela estrada? Um deles jamais seria empreendedor. Parecia um leão, mas não era corajoso. Vivia com medo e por medo nada fazia. O empreendedor até tem medo, mas vai com medo mesmo. Mas essa é uma outra história...

AGRADECIMENTOS

Gratidão a Deus e a cada um que cruzou o meu caminho e contribuiu para que eu me tornasse quem sou hoje.

SOBRE A AUTORA

Médica Anestesista e Auditora na Saúde Suplementar. Advogada especializada em Direito Médico. Diretora Técnica da Confraria Médica e da Confraria Mulher. Mentora de Médicos em Auditoria Médica e Gestão de Carreira. Especialista em Inteligência Emocional e Análise de Perfil Comportamental pelo Método Evo.

CONECTE-SE COM A AUTORA

@rui_orsini

Todo empresário tem que ter "raiva" da operação.

Rui Eiras Orsini

Administrador de Empresas, Sócio-fundador da Rasini Consultoria.

MAIS APRENDE QUEM ERRA

Eu ouvi essa frase em uma palestra e desde então tive a certeza de que deveria começar a escrever este livro por essa frase. Mas por que essa frase? Isso você vai descobrir nas próximas páginas.

Tenho 42 anos, sou casado, pai de quatro filhos. Formado em Administração de Empresas, tenho duas pós-graduações e um MBA.

A minha motivação para empreender vem de duas "fontes". A primeira delas é que eu venho de uma família de empreendedores, tendo dois exemplos muito fortes na minha vida, que foram meu avô materno (com o qual morei por alguns anos) e meu pai (que mesmo tendo se separado da minha mãe bem cedo, sempre esteve presente). Meu avô teve empresa no setor de comércio ainda jovem, e meu pai foi ter essa "coragem" depois dos cinquenta. Infelizmente, ambos já faleceram.

A segunda motivação eu citei acima: QUATRO FILHOS. Acho que não preciso falar mais nada, mas lembro-me claramente do momento em que percebi que precisava buscar novas fontes de renda. Foi um momento desafiador, em que as contas se acumulavam e eu sabia que precisava encontrar uma solução. Foi aí que a ideia de empreender começou a ganhar força, e eu decidi me lançar nesse novo desafio. A sensação de buscar independência financeira e criar novas oportunidades me impulsionou a seguir em frente, mesmo diante das incertezas.

Vai, vai com medo, mas vai. E eu fui, com medo, mas fui.

Hoje sou sócio de uma empresa que atua no mercado de expansão de negócios através de franquias, dentre outros negócios que tenho.

Mas vamos ao que interessa, ou seja, o que eu aprendi empreendendo.

Vou citar aqui três casos que tiveram um impacto nessa jornada, tentando apontar o erro e a solução encontrada.

E gostaria de iniciar com uma frase que eu sempre falo em palestras, entrevistas etc.

Todo empresário tem que ter "raiva" da operação.

Você vai entender o meu ponto de vista em relação a essa "raiva" (no bom sentido), se continuar a leitura.

Vamos lá! Em 2015, iniciei um negócio de comida congelada. Um amigo trabalhava trazendo produtos de outro estado (congelados), e me ofereceu a distribuição no RJ. Os itens chegavam de avião, eram armazenados em isopor, e eu os coletava no terminal de carga do aeroporto para fazer a venda.

Erro 1: Estrutura

Eu não estava estruturado para armazenar o volume que chegou. Imagina a felicidade da minha esposa vendo que não tinha mais espaço em nosso congelador...

Consegui "espalhar" os itens no congelador do meu irmão, sogro, mãe etc.

Erro 2: Logística

O custo/tempo para a entrega não valia a pena, só se fosse em um volume considerável e para poucos clientes (restaurante, por exemplo).

Erro 3: Canais de vendas

Na época, não existia esse excelente canal de vendas chamado rede social.

Mais aprende quem erra, certo?

Tive que pensar muito rapidamente para solucionar os três problemas, que já aconteceram na primeira remessa que recebi. E consegui resolver os três erros acima com uma única movimentação:

Eu ganhava x reais por cada item vendido, mas tinha muita "operação" nessa venda, e não valia a pena.

Eu precisava trocar de posição dentro do meu negócio. A solução foi convidar dez amigos (importante sempre ter amigos), mas só três aceitaram. A ideia era que dividissem essa missão comigo, ou seja, automaticamente eu sairia do papel de "ponta vendedora", passando a focar somente na distribuição para os meus três novos vendedores.

A venda do produto era papel deles junto ao cliente final.

Com essa movimentação, eu resolvi:

Estrutura: Cada um deu um jeito de armazenar os itens congelados, o que aliviou o meu congelador (e os dos parentes também...).

Logística: Se chegassem cinquenta unidades, eu não precisava mais entregar para, em um pior cenário, cinquenta clientes diferentes e obviamente espalhados pela cidade do Rio de Janeiro.

A solução foi combinar com meus três vendedores de me encontrarem no terminal de carga a cada nova remessa que chegava. Cada um pegava uma quantidade mínima de dez unidades e eu ficaria com o restante, podendo também vender diretamente, mas basicamente eu era um ponto de apoio na reposição das vendas que eles estavam efetuando. O investimento do meu maior ativo, que é o tempo, reduziu drasticamente com essa ação.

Canais de venda: Ganhei três novos canais de venda!

Desde então, eu percebi que conseguiria tocar essa empresa de forma paralela aos outros negócios, pois me tomava um tempo mínimo, e somente a cada quinze dias, que era quando chegava a nova remessa.

O empresário que se envolve muito na operação está fadado ao fracasso. A "raiva" da operação foi sentida na pele, mas me obrigou a pensar de forma estratégica para não deixar morrer um empreendimento prematuramente.

Essa foi minha primeira aventura no mundo do empreendedorismo e sou muito grato a ela, pois já me alertou que o meu foco deveria estar na estratégia de crescimento. Estratégia essa que foi alcançada com outros produtos, expandindo os canais de venda (eventos/atacado/parcerias), dentre outras coisas.

Obs.: Mesmo assim, eu comprei um *freezer* só por garantia. Vai que eu volte a precisar de espaço...

Agora vou fazer um compilado de outros negócios que eu tive, e que não deram certo por diversos motivos. Após isso, vou contar como desenvolvi, junto aos meus sócios, uma das empresas que atuo, e que me proporciona uma satisfação incrível e muito me orgulha de estar na luta para mudar a realidade de tanta gente.

Já fui sócio de empresas dos mais diversos segmentos (quatro filhos, lembram?), e como já tinha mapeado a minha estratégia devido à primeira experiência, foi mais ou menos fácil me posicionar quando chegava algum convite ou quando eu tinha algum interesse em adquirir ou me associar a alguma empresa.

Tirando o problema da covid-19, que me fez ter que abandonar um empreendimento que já estava caminhando para o ponto de equilíbrio após apenas oito meses de operação, todos os outros negócios que não deram certo foram basicamente pela diferença entre a expectativa gerada *versus* a expectativa entregue de alguma das partes.

Estou longe de ser o sócio perfeito, mas como eu me posicionava de forma bem clara na sociedade, seja entrando como investidor, ou exercendo algum cargo, geralmente de CFO (*Chief Financial Officer* ou Diretor Financeiro), não tinha muita margem para que eu não entregasse o que eu me propus a entregar após a assinatura do contrato.

Mas voltando ao título do livro...

Eu aprendi empreendendo, que não tem como ser sócio quando a outra parte se vende tendo experiência técnica, sendo que não sabia utilizar um equipamento simples.

Eu aprendi empreendendo, que não tem como ser sócio quando a outra parte coloca uma relação de amizade com quem está vendendo acima da relação com o sócio que está junto com ele no dia a dia.

Eu aprendi empreendendo, que não tem como ser sócio quando a outra parte diz que é comercial, mas o CFO vende mais que ele.

Eu aprendi empreendendo, que não tem como ser sócio quando a outra parte se limita a desenvolver só um produto, mesmo tendo acordado em contrato o desenvolvimento de outros.

Eu aprendi empreendendo, que não tem como ser sócio quando a outra parte não entende que um produto específico não comunica com um tipo de público específico, seja em preço ou em qualidade.

E eu agora preciso contar um segredo que eu aprendi e vivi na pele: a gente nunca perde. Ou a gente ganha ou a gente aprende. Eu li essa frase em algum lugar, e ela é de uma exatidão absurda.

Sou muito grato, mas muito grato mesmo a essas pessoas que me proporcionaram essas experiências. Ninguém aprende isso em faculdade, não tem nenhuma dessas matérias em nenhuma grade de nenhum curso de nenhuma universidade.

CORAGEM

Gostaria de destacar essa palavra, pois ela é vital. Tem que ter muita coragem para empreender no Brasil.

Deixei essa para o final mesmo.

Aprendi empreendendo, que tomar decisões difíceis passa a ser mais difícil ainda.

Aprendi empreendendo, que enfrentar o medo do desconhecido e superar desafios que exigem coragem são sentimentos, sensações que só quem está no jogo pode descrever.

Aprendi empreendendo, que o frio na barriga, a incerteza, o matar um leão por dia é o normal de quem está empreendendo.

Aprendi empreendendo, que a vontade de desistir, a zona de conforto que talvez a CLT pode te proporcionar, são sensações que a todo momento passam pela cabeça.

"Sem isso não tem graça", eles disseram...

Já disse isso algumas vezes, mas aprendi empreendendo, que poderia ser menos engraçado.

Voltando à experiência que me proporcionou contar brevemente a minha história de quase 10 anos empreendendo...

Eu estava no auge do vício de empreender. Não tinha como ter tido um monte de experiência e não poder desfrutar do aprendizado, certo?

Em 2017, me foi apresentado um projeto de expansão de negócios através de franquias. No começo eu admito que não entendi direito. Formatação, expansão, implantação... muitos outros termos até então novos para mim.

E, sendo sincero, não botei muita energia naquele momento, foi o meu outro sócio na época que viu um bom negócio ali e me convenceu a entrar na sociedade junto com a pessoa que nos apresentou tal oportunidade.

Montamos o escritório em outubro do mesmo ano, mas começamos a tracionar o negócio mesmo só em janeiro de 2018, quando assinamos o nosso primeiro contrato de formatação de franquias.

Fizemos vários fechamentos de venda de formatação de franquias, expansão etc., a empresa ia bem, expandimos a nossa sala, abrimos mais duas unidades no RJ, enfim, um aprendizado em "modo turbo". Nessa empresa eu também tive o prazer de conhecer dois apaixonados pelo segmento, e que por diversas vezes assumiram uma postura positiva que surpreendia os sócios.

Porém, o que eu aprendi empreendendo é que caráter não se ensina e não se aprende, ou tem ou não tem. Infelizmente, a pessoa que nos apresentou o negócio não conseguia mais esconder que não possuía um pingo de caráter, apesar de ser um dos melhores vendedores que conheci na vida.

Mas o que eu aprendi empreendendo também foi uma nova profissão!

Lembro-me do momento em que precisei tomar uma decisão que exigia muita coragem. Era como se o medo e a incerteza estivessem tentando me paralisar, mas algo dentro de mim dizia que era preciso seguir em frente. Foi um momento desafiador, mas ao mesmo tempo libertador, perceber que a coragem para empreender estava dentro de mim o tempo todo. A partir daí, aprendi que a coragem não significa ausência de medo, mas sim a capacidade de agir apesar dele. Essa lição foi fundamental para enfrentar os desafios que surgiram no meu caminho empreendedor.

Nesse meio tempo, eu tinha aberto uma empresa de consultoria de investimentos, e foi com ela que eu tive a coragem junto com, os agora, meus dois sócios (sim, os dois apaixonados de alguns parágrafos acima) para migrar essa empresa para o mesmo ramo de franquias, ramo esse que se tornou a minha paixão.

E uma coisa é certa: eu continuo aprendendo empreendendo.

Meu queridos leitores e colegas nessa missão de empreender,

deixo aqui mais algumas dicas fundamentais:

Importância da pesquisa de mercado: Aprendi que é fundamental entender o mercado em que se está entrando, conhecer o público-alvo e as necessidades do cliente antes de lançar um produto ou serviço.

Planejamento financeiro sólido: A experiência me mostrou a importância de um planejamento financeiro bem estruturado, com reservas para imprevistos e uma visão clara dos custos e receitas do negócio.

Cuidado com a saúde mental e física: Percebi que manter um equilíbrio entre trabalho e cuidado pessoal é essencial para o sucesso empreendedor, evitando o esgotamento e mantendo a clareza mental.

Flexibilidade e adaptação: Aprendi que a capacidade de se adaptar a mudanças e ser flexível diante de desafios inesperados é crucial para o crescimento do empreendimento.

Agora um pequeno conselho para os meus filhos, e para todos os filhos empreendedores:

Sigam as suas paixões, identifiquem oportunidades de negócio que estejam alinhadas com aquilo que amam e em que são bons. É importante que saibam que o empreendedorismo exige dedicação e comprometimento, por isso é fundamental escolher um caminho que realmente os motive.

Além disso, é essencial que compreendam a importância de

buscar conhecimento e aprender constantemente. Leiam livros, assistam a palestras, busquem mentores e se envolvam em comunidades empreendedoras para ampliar seus horizontes e adquirir novas habilidades.

Se estiver com pessoas em algum ambiente no qual identifique que você é o melhor ou um dos melhores, mude de ambiente e de pessoas, mas não esqueça as suas raízes, assim como o ambiente e as pessoas que te levaram até lá.

Seja grato, reconheça, mas reconheça muito mesmo quem fez o mínimo para você chegar aonde chegou. Lembro-me que passei uma noite com meu avô no hospital, dois dias antes de ele partir, e fiquei lembrando e agradecendo tudo que ele fez por mim, apesar de ele parecer não estar mais lúcido.

Por fim, também existe o fracasso. Ele faz parte do processo empreendedor, mas é por meio dos desafios que se aprende e cresce. O mais importante é persistir, aprender com os erros e manter a determinação para alcançar os objetivos. Mas nenhum fracasso é maior do que o fracasso de não tentar.

Sucesso a todos.

AGRADECIMENTOS

Agradeço profundamente a todos que me ajudaram a escrever este livro. Seu apoio e incentivo foram fundamentais para a realização desta jornada.

SOBRE O AUTOR

Rui Orsini é formado em Administração de Empresas, com MBA em Gestão de Franquias. Casado e pai de quatro filhos, é apaixonado por empreender e transformar ideias em realidade.

CONECTE-SE
COM O AUTOR

@sandraaugustadepaula

Sandra Corrêa

Fazer conexões e recorrer à sua rede de contatos antes de iniciar um negócio pode ajudar muito a mitigar os riscos, pois nos permite aprender com as experiências de outras pessoas.

Sandra Corrêa

Franqueada da HNT e do Mex Burritos.

A IMPORTÂNCIA DE SE REINVENTAR

O início da minha jornada no empreendedorismo foi bem desafiador. O ano era 2018, quando após estudos, pesquisas e análises, decidi empreender como uma franqueada, com o objetivo de me beneficiar do conhecimento e da experiência de uma marca reconhecida no mercado. Optei por abrir uma loja dentro de um *shopping* por conta da segurança que é oferecida aos lojistas e aos clientes. Então, em março de 2018, iniciamos as obras, que durariam 5 meses, para abrir uma loja de *fast-food* na praça de alimentação de um *shopping* na zona norte do Rio de Janeiro. Estava ansiosa para começar a vender o frango mais crocante do mundo!

Durante a obra aconteceram vários imprevistos. Primeiro, tivemos que adaptar a loja ao caderno técnico do *shopping*, o que fez com que uma simples reforma passasse a ser uma obra iniciada quase do zero. Segundo, a loja não tinha rede de gás encanado, o que contribuiu significativamente para que a obra demorasse 5 meses. Ao concluirmos a elaboração de todos os projetos, foi identificado um custo altíssimo para a execução dos serviços.

Desta forma, optamos por fazer no mezanino somente o patamar técnico para as máquinas do sistema de exaustão, ar-condicionado e refrigeração. Desistimos de colocar um miniescritório, que ficou sendo em minha residência, e um depósito, que ficou em um local alugado no estacionamento do *shopping*. A obra foi bastante complexa, sendo necessária a compatibilidade de todos os projetos, sendo eles: obra civil; rede elétrica; sistema SPK; sistema banda larga e telefonia; sistema de exaustão, ventilação e ar-condicionado; sistema de câmeras; e rede de gás. Mesmo com as reduções no projeto, o custo final de implantação foi o dobro do previsto inicialmente.

Hoje, olhando para essa fase, fica claro que não basta ter conhecimento de gerenciamento de projetos para executar com sucesso a implantação de uma loja, principalmente dentro de um *shopping*. Ter um bom conhecimento dos possíveis riscos envolvidos nessa etapa é de extrema importância. Por isso, fazer conexões e recorrer à sua rede de contatos antes de iniciar um negócio pode ajudar muito a mitigar os riscos, pois podemos aprender com as experiências de outras pessoas.

Enfim, a loja foi inaugurada em agosto de 2018. O frango era oferecido em quatro tipos de produtos: sanduíches, tábuas de proteínas com batatas fritas, frango em baldes e empratados. Além disso, também trabalhávamos com *buffet* sem balança.

O início de qualquer negócio é difícil e para nós não foi diferente. Na mesma praça de alimentação havia outras lojas com *buffet* sem balança e com *buffet* por kg. Foi um grande esforço conquistarmos e fidelizarmos novos clientes, uma vez que eles já estavam acostumados com lojas que existiam desde a inauguração do *shopping*. A maior parte dos nossos clientes nesse período eram idosos que preferiam comer fora a fazer comida em casa. Para alavancar o faturamento, fazíamos muitas promoções. Passamos a oferecer desconto para alunos, professores e colaboradores das escolas e da faculdade do *shopping*. Oferecíamos desconto também para lojistas, colaboradores ou terceirizados do shopping, como bombeiros, seguranças, técnicos de manutenção e equipe de limpeza. Além disso, oferecíamos descontos no aplicativo do *shopping* para os clientes do plano fidelidade.

O maior desafio na gestão de um *buffet* é que esse formato exige um cuidado muito grande para minimizar as perdas, que podem ocorrer tanto na preparação dos alimentos quanto na montagem e reposição do *buffet*. Processos e procedimentos bem definidos ajudam a controlar esse desperdício. Trabalhar com a opção do *buffet* sem balança se torna ainda mais desafiador, pois algumas situações fogem ao nosso controle: cliente que coloca comida além do que vai conseguir comer, cliente que coloca muita comida para dividir com outra pessoa, cliente que se serve e sai da fila sem pagar. Ter alguém olhando o movimento dos clientes inibe um pouco as pessoas mal-intencionadas. Nesse sentido, é importante contar com profissionais capacitados e de confiança, para ajudar tanto na definição de processos, quanto na ponta da operação e atendimento ao cliente. Participar de grupos de *networking*, fazer conexões e criar parcerias estratégicas pode ajudar muito a encontrar esses profissionais, uma vez que você pode recorrer à sua rede de contatos para receber indicações e recomendações assertivas e confiáveis.

Ainda em 2018, começamos a trabalhar com vendas por *delivery*. Aos poucos, conseguimos evoluir e desenvolver estratégias para esse tipo de serviço. Acredito que, para ter sucesso nesse canal de vendas, é fundamental oferecer um atendimento de qualidade, utilizar embalagens adequadas e proporcionar uma entrega rápida. Nessa época, o *delivery* ainda não era tão procurado, mas tinha sua importância no faturamento. Para impulsionar ainda mais as vendas, a franqueadora implementou diversas ações promocionais para divulgar o serviço de *delivery* e atrair novos clientes.

No início de 2020, estávamos mais organizados, tanto no atendimento de balcão quanto no de *delivery*. O faturamento ainda não era o suficiente para pagar todos os custos da operação da loja, mas estávamos confiantes de que era apenas uma questão de tempo. Entretanto, em março de 2020, começou a pandemia do coronavírus. Fechamos a loja para analisarmos a situação e decidirmos qual caminho seguir. A dificuldade naquele momento era grande por conta de indefinições por parte do governo. Fiz um acordo de suspensão de contrato de trabalho com os funcionários. Não pensamos em demitir ninguém. Nesse momento, ainda não participava de nenhum grupo de *networking*. Procurei, então, conversar com a franqueadora, com os franqueados, com a nossa contabilidade e também acompanhar as notícias. Após 15 dias, optamos por voltar a trabalhar apenas com o *delivery*, por quatro motivos principais:

1. Vender o que já tinha no estoque, pois as mercadorias tinham data de validade.

2. Aproveitar para melhorar os processos de *delivery*.

3. Fidelizar os clientes durante o período de pandemia para continuar os atendendo quando a situação voltasse à normalidade.

4. Pagar fornecedores, pois compramos faturado e sem faturamento não tinha como pagá-los.

Dessa forma, eu consegui manter a empresa, preservar o emprego dos funcionários e ajudar as pessoas que não queriam, não sabiam ou não podiam cozinhar.

Reabrimos a loja no início de abril. O primeiro passo antes da reabertura foi mudar a empresa que prestava serviço de banda larga. Sem uma boa internet não tem como vender por *delivery*, e as duas operadoras que contratamos anteriormente não nos atenderam com qualidade. O segundo passo foi escolher e chamar os funcionários para voltar ao trabalho. Escolhi os que moravam mais perto, evitando que eles ficassem muito tempo expostos no deslocamento. Nessa ocasião, quem morava longe estava com dificuldade para conseguir transporte e ainda corria maior risco de assalto ao andar à noite com as ruas vazias. Coloquei de férias alguns funcionários e os outros continuaram com contrato suspenso.

Ainda em abril, foi publicado um decreto que permitiu a suspensão de contratos de trabalho e a redução da carga horária. Assim, os funcionários que permaneceram com o contrato suspenso passaram a receber pagamento do governo, enquanto aqueles que retornaram ao trabalho tiveram suas cargas horárias reduzidas, com 50% do salário coberto pelo governo. Para organizar a escala de trabalho, dividi os funcionários em três equipes, que atuavam em turnos de 12 x 60 horas (trabalha um dia, por 12 horas, e folga dois). Com isso, conseguimos economizar na passagem e permitimos que os funcionários ficassem menos expostos aos riscos da pandemia, já que não precisavam sair de casa todos os dias.

Passamos o mês de abril melhorando nossas plataformas de *delivery*, padronizando o cardápio, ajustando os preços, resolvendo inconsistências e lançando promoções. A venda de balcão tomava quase todo o nosso tempo e o *delivery* ficava em segundo plano. Então, aproveitamos o momento para treinar os funcionários em tudo que envolvia o serviço de entregas: processos, plataformas das lojas virtuais, procedimentos para embalagem dos produtos, porcionamentos[1] etc. Implantamos novas plataformas de *delivery* e passamos a vender também pelo WhatsApp.

Entramos no mês de maio com o *shopping* ainda no escuro, havia luzes apenas nas pouquíssimas lojas que estavam funcionando. Dando continuidade ao trabalho de alavancar as vendas, aderimos à campanha do *shopping* de vendas pelo sistema *drive-thru*, em que o cliente pedia pelo WhatsApp, marcava o horário e entregávamos o pedido no estacionamento do *shopping*. O Dia das Mães, além de nos permitir levar por meio do *delivery* um pouco de alegria para a casa das mamães, nos ajudou bastante a melhorar o faturamento do mês, que ainda estava muito baixo!

E fomos ganhando novos clientes! Continuamos trabalhando com pontos importantes como gestão de pessoas, gestão de conflitos, gestão de produtos, gestão de processos, gestão do tempo, entre outros. Participei de *webinars* promovidos pela franqueadora, incluindo os temas "Os impactos nas relações trabalhistas e fiscais após a covid-19" e "A nova era do *delivery*", apresentados por especialistas nessas áreas. Esses eventos foram fundamentais para ampliar meu conhecimento sobre as novas dinâmicas do mercado pós-pandemia e me proporcionaram *insights* valiosos que pude aplicar na gestão da operação.

Estávamos sempre em processo de melhoria contínua, mas durante a quarentena tivemos que nos adaptar aos novos tempos

1 Porcionamento: ato de dividir ou fracionar alimentos ou produtos em porções ou quantidades específicas, facilitando o atendimento, o controle de estoque e a apresentação. Comumente utilizado no setor de alimentação para separar refeições em porções individuais.

em uma velocidade absurda. No momento que o *delivery* passou a ser o nosso principal canal de vendas, todos os colaboradores de frente de loja tiveram de aprender a lidar com as plataformas de entrega. O mundo estava ficando cada vez mais digital! O processo de digitalização vinha ocorrendo há muito tempo e a pandemia acelerou ainda mais esse processo! Em um mundo cada vez mais digital, quem não correr para se manter conectado vai ficar para trás!

O mês de junho chegou trazendo o seu romantismo! Casais e namorados cansados do isolamento social e ansiosos pelo Dia dos Namorados. Mais uma oportunidade de alavancar as vendas e levar alegria às casas dos clientes! Os colaboradores que estavam há 60 dias em suspensão de contrato de trabalho passaram a trabalhar em redução de carga horária. Dessa forma, todos os colaboradores ficariam 30 dias em redução de carga horária de 50%. O retorno desses colaboradores coincidiu com a flexibilização do isolamento social, que passou a permitir a venda de balcão para viagem (*take away*). Em meio ao aumento das vendas, tivemos de treinar os colaboradores que retornaram e encontraram a operação da loja bem diferente. Alguns funcionários sentiram dificuldades, mas a equipe se uniu e aqueles que estavam trabalhando desde o início da pandemia se tornaram os multiplicadores da experiência e do conhecimento adquiridos.

No Dia dos Namorados, acordei não me sentindo muito bem. Resolvi trabalhar em *home office* e ajudar a operação na medida do possível. Estava tudo indo bem. Quando chegou à noite, no horário do pico, tivemos problemas em uma das plataformas de *delivery*. Foi extremamente estressante! O que era para ser um feliz Dia dos Namorados foi, para muitos clientes, aborrecimento e, para nós, frustração. No dia seguinte, acordei me sentindo muito mal. Estava com covid! Durante o período em que estive doente, praticamente não trabalhei. Mantive contato telefônico com a gerente, que assumiu completamente a condução da loja durante a minha ausência. O cozinheiro chefe também não mediu esforços para ajudar a gerente no controle da operação. E, assim, chegamos ao último dia de junho, quando voltei a trabalhar.

Aos poucos, a primeira onda do coronavírus começou a recuar e a praça de alimentação do *shopping* foi sendo gradualmente liberada para receber clientes. Tentamos voltar com o serviço de *buffet* sem balança, mas não obtivemos muito sucesso, principalmente devido ao perfil de nossos clientes, que em sua maioria eram idosos e estavam frequentando menos os *shoppings*. Além disso, infelizmente muitos faleceram durante esse período. Decidimos, então, trabalhar somente com os produtos do *fast-food*. Para nossa surpresa, em novembro de 2020, surgiu a segunda onda da covid-19, seguida pela terceira onda, que começou em meados de 2021. Foi necessária uma grande dose de resiliência para lidar com os altos e baixos da pandemia.

Em fevereiro de 2022, nosso maior concorrente – que já tinha uma loja bem maior e mais atrativa do que a nossa na praça de alimentação do segundo piso do *shopping* (a nossa ficava no primeiro piso) – abriu uma segunda unidade exatamente ao lado da nossa. Isso se tornou um grande desafio, já que, antes, quando a outra praça de alimentação ficava lotada, os clientes buscavam a nossa loja. A partir daquele momento, teríamos que concorrer pelos clientes que, até então, não tinham a opção do nosso concorrente no primeiro piso. Além disso, a reforma da nossa praça de alimentação não foi concluída; apenas o piso, as mesas e as cadeiras foram trocados. A praça era pequena, com um *layout* de lugares pouco otimizado, pé-direito baixo e sem tratamento acústico. Não havia tomadas funcionando para que os clientes pudessem carregar celulares ou *laptops*, nem totens ou painéis que tornassem o ambiente mais atrativo. O sistema de ar-condicionado não dava conta nos períodos de alto movimento e a iluminação não era boa, o que fez com que os problemas começassem a surgir.

A escolha do ponto comercial é fundamental para o sucesso do negócio. Infelizmente, optamos por um local que, além de não ter sido reformado, estava situado em uma área menos visível; ou seja, a nossa loja estava no pior ponto da praça de alimentação menos procurada. Apesar de todo o esforço para alavancar o faturamento, ainda não estávamos conseguindo cobrir todos os custos. O valor da locação foi subindo durante a pandemia, como se nada estivesse acontecendo. No início, o *shopping* até facilitou, cobrando aluguel proporcional ao faturamento, mas depois passou a exigir um aluguel mínimo, com desconto. Com o tempo, os descontos foram diminuindo, até acabarem. A situação já estava bem complicada, e se tornou ainda mais desafiadora com a entrada do nosso concorrente ao lado.

Em maio de 2022, entramos em uma nova fase, no Rio de Janeiro, na qual o uso da máscara estava deixando de ser obrigatório não só em lugares abertos, mas também em locais fechados. Felizmente, a pandemia passou e será lembrada como um período de muita dor, mas também de superação e aprendizado! Em agosto de 2022, a loja lançou seu perfil no Instagram. Em outubro desse mesmo ano, influenciadores mirins começaram a nos procurar para divulgar a loja. Em novembro, fizemos reformas na fachada para incluir uma segunda marca do mesmo grupo, dedicada à comida mexicana.

No início de 2023, influenciadores adultos também começaram a nos procurar para promover a loja. Ao longo desse ano, realizamos diversas colaborações com esses influenciadores, especialmente com os mirins. Além disso, essas parcerias me ajudaram a criar novas conexões, fazer outras parcerias e expandir minha rede de contatos. Tive a oportunidade de participar de diversos eventos e de levar o frango mais crocante do mundo em diversas ocasiões, desde encontros de empreendedores até iniciativas beneficentes. Recebemos em nossa loja alunos da universidade localizada no *shopping* para visitas técnicas, o que foi uma ótima oportunidade para trocar experiências e conhecimentos. Conheci profissionais altamente gabaritados para me auxiliar em atividades como *marketing* digital com tráfego pago, captação de novos colaboradores, diretor financeiro por assinatura etc. Essa foi a nossa melhor fase, que infelizmente durou somente até maio de 2024, quando encerramos as operações da loja.

Costumo dizer que, geralmente, um avião cai por conta de uma sucessão de erros ou imprevistos. Da mesma forma, um negócio pode quebrar. No nosso caso, podemos listar os fatores que contribuíram para o insucesso do negócio: a necessidade da realização de obras além do previsto, aumentando o custo de implantação; a escolha equivocada do ponto comercial, com pouca visibilidade e na praça de alimentação menos frequentada; a negociação de um aluguel mínimo com um valor muito alto; a inauguração da segunda loja do nosso maior concorrente ao lado da nossa; e a pandemia do coronavírus. Foram tomadas diversas ações para controlar as consequências desses erros e imprevistos, mas infelizmente não foram suficientes para manter um negócio que já começou com problemas.

Se você analisar a minha jornada – desde a inauguração desafiadora da operação, passando pela pandemia e culminando com o fechamento da loja – poderá identificar lições importantes da minha primeira experiência no empreendedorismo, como a necessidade de estudar e conhecer bem o negócio e o mercado antes de iniciar um empreendimento, assim como a importância da atenção aos detalhes na escolha do ponto comercial, levando em consideração a localização, a infraestrutura (tanto da própria loja quanto, se aplicável, do *shopping* ou centro comercial) e a concorrência. Você entenderá que, para que um negócio seja bem-sucedido, é fundamental estabelecer processos bem definidos e gerenciar bem a sua equipe. Também vai perceber que, em determinados momentos, será necessário solucionar problemas e conflitos de forma inteligente, além de se adaptar rapidamente às mudanças do mercado, sempre buscando a melhoria contínua. E, principalmente, ficará claro que a resiliência e a inteligência emocional para lidar com o que não pode ser controlado são essenciais para superar os desafios que surgem ao longo do caminho.

Minha dica para quem deseja empreender é: faça conexões e parcerias valiosas! Procure estar perto de pessoas que compartilham a mesma visão, estejam em sintonia com você e tragam energia positiva. Além disso, não se esqueça de cuidar do seu bem-estar físico, mental e espiritual. Valorize sua família e amigos. Invista em seu desenvolvimento pessoal e profissional, pois é assim que você conseguirá evoluir e alcançar seus objetivos.

AGRADECIMENTOS

Primeiramente, agradeço a Deus por me guiar até aqui. Sou grata também a todas as pessoas que contribuíram para essa história, especialmente aos influenciadores, e, acima de tudo, à minha família, que sempre acreditou em mim e me apoiou incondicionalmente.

SOBRE A AUTORA

Sandra Corrêa é uma empreendedora versátil e experiente, com uma trajetória que passa pela engenharia e pelo setor alimentício. Após seis anos como franqueada de uma rede de *fast-food* especializada em frango crocante, localizada em um *shopping* na Zona Norte do Rio de Janeiro, agora concentra suas operações exclusivamente em plataformas de *delivery*. Formada em Engenharia Eletrônica e Engenharia de Telecomunicações pela Universidade Gama Filho, ela traz consigo três décadas de atuação em grandes empresas de telecomunicações, onde começou como técnica e evoluiu para engenheira. Além disso, explora seu talento como atriz e modelo, refletindo sua paixão por novas experiências e desafios.

CONECTE-SE COM A AUTORA

@valeriariosbuffet

Procure novos caminhos sempre, mas observe e analise cada passo. Não corra para não tropeçar no inesperado, não desista de seus sonhos. Não há idade e nem limites para grandes conquistas, o limite está apenas na sua mente, se desprenda e verá o extraordinário acontecer.

Valéria Rios

Chef de cozinha, Especialista em Cozinha Regional,
Fundadora da empresa Valéria Rios Buffet.

COMEÇANDO PEQUENO E SONHANDO ALTO

O COMEÇO DA MINHA HISTÓRIA

E aí, pessoal! Aqui quem fala é a Valéria Rios, fundadora do Valéria Rios Buffet, uma empresa *top* de eventos no Rio de Janeiro. Vou contar tudinho sobre como saí do zero e cheguei até aqui.

Olhando pela janela pode parecer bem tranquilo, mas não foi e continua não sendo. Cada evento é um novo desafio! E senta, que lá vem história!

INFÂNCIA E A INFLUÊNCIA DA FAMÍLIA

Nasci em Duque de Caxias, RJ, e minha história já começou com um *plot twist*: aos dois anos, fui parar num orfanato, porque minha mãe precisou tomar uma decisão difícil. Fui adotada por um casal português incrível que já tinha outros filhos biológicos e uma filha adotada. Cresci vendo meus pais adotivos trabalhando duro na feira, vendendo frutas e legumes. Eles não tinham muito dinheiro, mas o amor era gigante.

Minha mãe sempre falava da importância de estudar, queria até que eu seguisse carreira em serviço público, tipo Petrobras, sabe? Mas meu coração não estava voltado para isso, não. Na verdade, eu só queria crescer e ter uma família bem grande, com muitos filhos, casa cheia e muito barulho. Mas sou de uma geração em que as mães não queriam isso para suas meninas, as mães queriam que suas meninas fossem tudo, menos as melhores donas de casa. Era o momento de as mulheres ganharem espaço e esse era o sonho de minha mãe para mim.

Acabei frustrando um pouco suas expectativas. Me casei aos 21 anos com a melhor pessoa que já conheci, que só não me dava o mundo, porque não cabia no seu bolso. Tinha muito amor e atenção todos os dias, mas com apenas dois anos de casada fiquei viúva, com um bebê de um ano para criar. Ali perdi meu chão, mas tinha uma criança para cuidar, Lúcio, que é minha luz, meu filho maravilhoso. Trabalhei duro, diariamente, para cuidar dele. Saía de casa às cinco da manhã com um bebê no colo, para deixar na cuidadora. Tinha apenas uma folga na semana, mas seguia ali, firme na minha missão de que nada faltaria para o meu príncipe.

Foi quando conheci o Cleber, e em meses ele veio morar comigo. Eu tinha casa própria, morava em uma comunidade na Zona Oeste do Rio de Janeiro, mas para mim era o meu castelo. Então nasceu Antônio, e foi quando decidi que não iria mais morar em comunidade, já que tinha dois meninos e eu não queria que eles crescessem ali. Com muita direção de Deus, compramos um terreno em Guaratiba e aqui começamos uma nova etapa para nossa família. Bairro seguro, tranquilo, com vizinhos maravilhosos, minhas crianças brincavam muito com os amigos na rua, subiam em árvores para pegar frutas, tudo o que eu havia sonhado para eles.

Como disse, eu queria família grande. Acha que parei por aí? Que nada, em 2005 nasce Manoel, meu tsunami, aquele que veio para causar mesmo. Lembra da casa barulhenta? Então... pedi e aconteceu. Anos depois, chega na nossa vida o Jordan, meu filho do coração, menino maravilhoso, que só acrescentou na nossa vida e que amamos muito.

Nunca imaginei cozinhar e muito menos que alguém iria gostar da minha comida um dia. Meus meninos comiam porque não tinham outro jeito, cozinhar nunca foi minha meta de vida. Minha sogra precisou morar conosco um tempo. Na verdade, esse tempo durou cinco anos, eu me estressava demais com a minha velhinha, mas a amava muito, era tanto "eita atrás de eita" por causa das crianças. Ela, sim, cozinhava muito bem. Fazia aquele básico bem feito, e me ensinou a não precisar de temperos industrializados para dar sabor à comida. Todo dia eu ouvia "isso ainda vai te matar, olha o sódio!".

Quando ela foi morar com a irmã, saindo assim da nossa casa, já comecei a fazer as coisas do modo certo. Sempre achei que o meu dom era só confeitaria, mas que nada, quando comecei a me dedicar às refeições salgadas, tudo fluiu.

Eles não sabem, mas vou contar aqui: minhas cobaias foram os irmãozinhos da igreja. Eu ia para a cantina e tudo que eu fazia todos gostavam. Com a doação do meu tempo, lapidei um dom que não sabia que tinha.

Muitas das vezes pensamos que estamos dando, mas no resultado final, estamos é recebendo em porções inimagináveis. Era cantina, aniversário de pastora, eu estava em todas.

MEUS PRIMEIROS PASSOS COMO EMPREENDEDORA

Aos 16 anos, entrei no mercado de trabalho como frentista num posto de gasolina. Fiquei lá por 12 anos e acabei me tornando gerente geral. Também montei uma loja de conveniência no posto. Na verdade, o proprietário montou para a esposa dele cuidar, mas não era o que ela queria para a vida dela. Iniciaram as divergências e ele me fez a proposta de assumir o espaço, pagando aluguel para ele, e colocando o subgerente também como sócio. Ele nunca me tratou como funcionária, eu sempre me senti como irmã dele, sempre me ensinando e apoiando o meu crescimento. Mas a parceria com meu sócio não deu certo e tive que fechar a loja depois de três anos. A vida de empreendedora tem dessas, né?

Vivi uma história naquele lugar, entrei uma menina, quando saí já tinha quatro filhos, já tinha casado duas vezes, não era a mesma pessoa.

Como tinha experiência com o setor financeiro, voltei para o mercado de trabalho. CLT, que sigla sofrida, não me identificava mais com isso. Muitas vezes recebia orientação de quem nem sabia o que estava falando, mas precisava abaixar a cabeça.

Nesse turbilhão todo, meus filhos entraram na fase de adolescência, momento crítico. Quem pensa que bebê dá trabalho é porque ainda não tem filho que entrou na adolescência. Eram bons meninos, mas estavam descobrindo o mundo.

Uma mãe que saía de casa às seis horas da manhã e chegava às dez da noite não tinha muito tempo para os filhos. Ainda mais trabalhando em uma empresa em que não podia nem mexer no celular, nem ligar pelo fixo, porque toda ligação passava pela telefonista. Acabei optando por ficar com eles em tempo integral, entrei em comum acordo com meu marido e pedi demissão.

Não foi fácil, as demandas da nossa casa eram grandes, muito gasto com comida, remédio, enfim, vi que sozinho meu marido não daria conta. Foi aí que comecei a fazer aquilo que gostava e sabia fazer: bolos e doces para festas. Comecei a anunciar em uma revista do bairro de Campo Grande.

E não é que deu certo?

Tinham sempre encomendas, eles ali comigo, isso virou programa de família, esticar pasta americana, enrolar doces, nossa conexão foi crescendo de uma forma incrível.

Quando vi, já estava fazendo salgados, comidas, cursos e mais cursos, e a carta de clientes ampliando de uma forma que não imaginei.

Me juntei a uma amiga que tinha esse sonho de trabalhar com festas, quando vi estava trabalhando com *buffet*, decoração e tudo relacionado a isso, até o momento que me peguei muito cansada e desmotivada. Houve um período de queda, que resolvi colocar o pé no freio, e conversei com minha amiga que iria parar, tinha alguns compromissos para honrar, mas que seria apenas aqueles. Consegui concluir todos os trabalhos e honrar os compromissos com o banco, e aí falei "pronto, acabou".

Foi quando do nada o telefone não parava de tocar, mensagens nas redes sociais, todos me procurando. Em uma semana, fechei dez contratos e pensei: será que é hora de parar mesmo?

VALÉRIA RIOS BUFFET – DO MEI AO SUCESSO

COMEÇANDO PEQUENO E SONHANDO ALTO

Em 2019, decidi tentar de novo e me inscrevi como Microempreendedora Individual (MEI). Aos quarenta e três anos, botei na cabeça que não ia desistir. Comecei fazendo eventos pequenos, meu acervo ficava em casa mesmo, era uma confusão em dia de festa, material na sala, no corredor... uma loucura.

DESAFIOS E VITÓRIAS

Equilibrar trabalho, família e o negócio foi puxado. Muitas vezes me via no limite do cansaço físico e mental. Precisei dar uma pausa, repensar meus rumos e focar mais em mim mesma. Foi aí que as coisas começaram a clarear. Meus filhos foram imprescindíveis nesse momento, tomando para si aquilo que já não conseguia mais administrar, no que já não tinha mais lucidez para decisões. Sou muito coração e isso atrapalhava bastante nas minhas decisões, eles são mais razão.

CRESCENDO E SE REINVENTANDO

De uma operação caseira, hoje temos uma sede e uma equipe grande, entre funcionários fixos e *freelancers*. Mudamos do MEI para o Simples Nacional, uma evolução e tanto no nosso caminho empreendedor.

PANDEMIA DE 2020 – O BAQUE E A REVIRAVOLTA

A PANCADA DO CORONAVÍRUS

Março de 2020 chegou e, junto com ele, veio a pandemia da covid-19. Foi um choque total! Todos os eventos cancelados, fiquei sem saber o que ia ser do futuro da minha empresa. Uma verdadeira montanha-russa emocional e financeira.

Confesso que dei uma surtada, prendi todos em casa, a família não ia nem no portão.

Festas impossibilitadas de acontecer, sem previsão de retorno, o que fazer?

Coloquei a empresa na geladeira, conversei com todos os clientes, adiamos datas, alguns tive que adiar por até mais de uma vez, porque ficamos naquela de pode, não pode, por meses.

Para manter um orçamento mínimo e pagar contas, montei um *delivery* de churrasco e pastel com tudo dentro, momento que ninguém podia sair de casa, levei um pouco de gostosura para a casa deles.

Criamos o *kit* "faça festa em casa", trabalhávamos todos os dias. Geramos renda e não passamos aperto.

Confesso que parei por 15 dias e pensei: o que será de nós? Mas não podemos entregar os pontos, e se movimentar é sempre necessário para as ideias fluírem a nosso favor.

Minha família toda entrou na jogada, cada um ajudando como podia.

DE VOLTA AOS TRILHOS – RECONSTRUÇÃO E EXPANSÃO

A RETOMADA

Com o tempo, as coisas começaram a melhorar. Retomamos os eventos aos poucos, seguindo todas as regras de segurança. Foi um desafio, mas conseguimos voltar a fazer o que mais amávamos.

CRESCENDO NA ADVERSIDADE

A partir de 2021, nossa empresa começou a decolar de novo.

Focamos em atender bem a cada cliente, mandando até cesta de café da manhã de agradecimento no dia seguinte ao evento. Detalhes que fazem a diferença.

O FUTURO É AGORA

LIÇÕES APRENDIDAS E PLANOS FUTUROS

Olhando para trás, vejo que cada desafio foi um degrau a mais rumo ao sucesso. Aprendi a valorizar cada cliente, inovar sempre e não ter medo de tentar coisas novas. E o futuro? Quero expandir ainda mais o Valéria Rios Buffet, fazendo eventos memoráveis e sustentáveis.

AGRADECIMENTOS

Queria agradecer de coração à minha família, equipe e todos os clientes que confiaram no meu trabalho. Sem vocês, nada disso seria possível. A jornada de empreender é difícil, mas com amor, dedicação e uma pitada de criatividade, a gente chega lá!

Aprendi que o segredo é não desistir, mas não confundir com insistir em algo que não é mais para você.

Procure novos caminhos sempre, mas observe e analise cada passo. Não corra para não tropeçar no inesperado, não desista de seus sonhos. Não há idade e nem limites para grandes conquistas, o limite está apenas na sua mente, se desprenda e verá o extraordinário acontecer.

SOBRE A AUTORA

Valéria Rios, nascida em Duque de Caxias/RJ, é missionária, botafoguense, casada com Cleber Coelho e mãe de Lúcio, Antônio, Manoel e Jordan. *Chef* de cozinha, Confeiteira e Instrutora, Valéria é a fundadora da empresa Valéria Rios Buffet, que já realizou mais de 1.200 comemorações e formou alunos em várias cidades do país.

CONECTE-SE COM A AUTORA

vspmicromarket.com.br

@vivimercadista

@MicroMarketBusinessPodcast

É, sim, possível conduzir negócios à luz da Bíblia. A inteligência emocional que me trouxe até aqui foi um presente do meu empoderador, Cristo, que aos poucos sarou minhas feridas e me revelou novas estratégias de negócios.

Viviane Gonçalves

Assessora Micromarket, Especialista em Montagem e Instalações de Lojas e Assuntos Burocráticos Básicos e Representante Comercial de Franqueadoras de Minimercados.

SEMPRE É TEMPO DE RECOMEÇAR

O que aprendi empreendendo? Essa é realmente uma excelente forma de refletir tudo o que passei. Será que só aconteceu comigo? Ou você já quebrou alguma vez? Bem, eu já – pelo menos umas três vezes. E quer saber se eu tive vontade de desistir? Quem nunca, né? E posso dizer que, por um período, pensei ter desistido mesmo do empreendedorismo. Acontece que há coisas que estão correndo nas nossas veias, e fica aquela impressão de que ainda falta algo – isso acontece quando você não está completo em seu ambiente profissional. Já fez algo que precisou investir muito dinheiro? Hum... eu também já. E o pior foi que cheguei a crescer com esse investimento, mas adivinhe? Quebrei – e essa foi a primeira vez. Você já iniciou um projeto onde o seu planejamento era coerente, seus objetivos atingíveis e você percebeu, no decorrer do processo, que não preparou sua equipe? Eu já. Esses são erros comuns, que ao longo do processo acontecem, até chegar o momento em que os acertos virão.

Eu participei de uma sociedade, onde entrei com minha *expertise* e com o meu nome para abrir o CNPJ e as contas bancárias da empresa. Porém, eu não tinha recursos financeiros para investir no negócio. Eu fiquei responsável pela área administrativa e o sócio-investidor era o comprador e gestor financeiro. Para minha surpresa, no decorrer das operações ele decidiu seguir sozinho e me convidou a sair. E em mim, ainda, a dor de ter tido o apoio do meu esposo – após ele renunciar ao seu emprego, no qual trabalhou por 20 anos de CLT, para embarcar em algo que deu certo, mas que fomos excluídos. O que mais doía era realmente isso. Você já se imaginou vivendo uma situação assim? O que você faria no meu lugar? É aí que a mágica começa! Embora essa situação tenha quebrado minha família financeiramente, eu aprendi muito, principalmente que poderia recomeçar. No decorrer do capítulo, irei descrever essas experiências, detalhando o que eu descobri empreendendo.

Todos que escolhem entrar no mundo empresarial passam por etapas parecidas no processo. Antes do sucesso, precisa vir a estabilidade financeira, o tal ponto de equilíbrio – e esse caminho pode ser longo. Muitas pessoas enfrentam o desequilíbrio financeiro, o que pode causar desestabilidade emocional. Superar essa situação é difícil, pois muitas vezes as pessoas se sentem desesperadas – como eu me senti – passando por crises existenciais e acreditando que o chão sob nossos pés se transformou em um abismo, onde a queda parece não ter fim. Eu passei por um momento difícil, correndo o risco de não ter recursos financeiros para o próprio sustento. Nos momentos de crise, sentia minhas mãos suarem e tinha uma sensação de perda de movimentos, o corpo ficava fraco e eu tinha a sensação de desmaio. Tive quedas de pressão arterial e chegou um momento que infartei mesmo. Toda aquela pressão me sufocava num nível que beirava o impossível.

Iniciamos novas estratégias. Meu esposo virou autônomo e eu usei o conhecimento que adquiri para me tornar **Assessora Micromarket** – atuando no setor comercial da franqueadora, vendendo licenças, prestando assessoria aos licenciados e indicando condomínios. Nessa caminhada, fui convidada pelo **Sergio e Silvana Moraes** a participar de um evento de condomínio da empresa **Hashtag Síndicos**, onde entendi que precisava estar inserida no contexto condominial. Nesse evento, a Silvana disse que me apresentaria uma pessoa que poderia me ajudar, foi quando eu conheci o Wallace Silva — CEO do EMPRESÁRIOS SA. Ao sermos apresentados, ele me perguntou: "Você gostaria de participar de uma reunião com vários empresários? Muitos deles são moradores de condomínios e alguns são síndicos". Ele pegou meu cartão de visitas e disse: "Vou entrar em contato contigo".

Quando recebi o convite com um *link* para inscrição, fiquei meio desconfiada. Você não vai acreditar! No convite, não vi nada que sugerisse algum pagamento. Decidi ir, e chegando no local, realmente vi um ambiente diferente e pensei: "Olha... gostei!". Só que paguei um mico – lógico, se não fosse assim, não seria eu, né? Pois, para participar, precisava pagar o *buffet* e eu, justamente naquele dia, estava "durinha" (sem dinheiro algum). Quando percebi a situação, me retirei discretamente. No dia seguinte, Wallace me perguntou (pelo WhatsApp): "Vivi, o que houve? Te vi no evento e você sumiu antes de começar a reunião". Eu, sem graça, disse que surgiu uma emergência e tive que sair às pressas. Obs.: emergência de falta de grana... quem nunca, né? Agora, soa até engraçado e já consigo rir disso. Porém, naquele momento de muitas frustrações, essa me pareceu mais uma.

Depois desse episódio, participei de algumas reuniões do Empresários SA como visitante, ainda sem condições de me tornar membro. O trabalho como assessora começou a fluir e eu comecei a prestar consultoria para licenciados de outras empresas franqueadoras da área de mercados autônomos. Esse foi o momento em que pensei: "Agora consigo!". Logo, como uma "transmissão de pensamento", o Wallace me liga e diz: "E aí, Vivi? Vem para a reunião hoje?", então eu disse: "Sim, claro!", e acrescentei: "E como faço para me tornar membro do grupo?". Aquela ligação foi outro divisor de águas na minha vida. Chegando na reunião, já como membro do Empresários SA, o Wallace inicia a apresentação do evento e diz a todos: "Vou contar algo aqui que, talvez, muitos de vocês não saibam: eu, antes de fundar esse clube, estava em depressão". Aquilo me impactou! A história de vida de um homem, sacerdote de uma família com uma linda esposa e dois filhos, falando da sua intimidade e das suas dores para todos. Foi libertador para mim, pois assisti a uma reunião em que estava rodeada de pessoas com a mesma linha de pensamento que eu, e que passaram por situações parecidas com as minhas – foi incrível!

Naquele momento, Deus me tocou e, ali mesmo, comecei a escrever algumas "dores" no Micromarket – assim, surge meu novo material de assessoria. Eu saí dali "concatenando" minhas ideias e nasceu um método que, até hoje, estudo e pesquiso para assessorar franqueados de Minimercados Autônomos. Hoje, estou há pouco mais de um ano no Clube de Negócios Empresários SA. Desde o meu primeiro *pitch* – que foi desastroso, mas não demorou mais do que duas reuniões para ficar perfeito, com as dicas do Wallace para a minha apresentação – eu me sinto em casa.

AFF! ESTOU SENDO DESCARTADA!

PROCESSO DE DESVINCULAÇÃO DE SOCIEDADE...

Para tudo! Acabei não contando como conheci a **Okeo Minimercados Autônomos**. O esposo da minha sogra tinha passado o ponto do mercadinho de bairro dele e, como veio a pandemia, o dinheiro do negócio foi investido. Então, um dia ele chamou a mim e a meu esposo para propor uma sociedade. Nós ficamos surpresos, e ele disse o que havia descoberto com as pesquisas que havia feito, falando sobre três franqueadoras no ramo de Micromarket, entre elas a Okeo Minimercados Autônomos. Com isso, eu fui pesquisar o modelo de negócio inovador de minimercados e me apaixonei. Assim, topamos entrar nessa empreitada de sócios com eles: dois casais, quatro sócios – e apenas um nome sendo utilizado para abertura da nova empresa, lembram que comentei no início do capítulo, né? Era o meu nome. Única pessoa da sociedade com *status* financeiro limpo.

Marcamos algumas reuniões presenciais e chegamos à conclusão de que a melhor franqueadora para iniciar nosso investimento seria a Okeo Minimercados. Nossa primeira reunião com o responsável comercial, Rodrigo, foi como o esperado e nós fechamos negócio, comprando cinco licenças dessa franqueadora, visando abrir as cinco unidades gradativamente. Conseguimos o nosso primeiro condomínio residencial com a indicação dos meus afilhados, que moram em Irajá. Nesse momento, conheci o CEO da Okeo Minimercado, Mauro Eduardo. Ele redigiu o nosso primeiro contrato com o condomínio, e passamos para as outras etapas que fazem parte dos trâmites iniciais da montagem e instalação da loja – como treinamentos e materiais –, disponibilizando informações sobre o desenvolvimento do negócio. Iniciamos a montagem e instalação da loja e, junto às dores que acompanham esse processo, cometemos muitos erros por sermos inexperientes no novo ofício. E ali, percebemos que, como sócios, não concordávamos em nada. **Começava o desafio de estar envolvida em um projeto extraordinário, mas com uma sociedade medíocre, porque o**

investidor não queria avançar de forma tecnológica e alcançar os novos conhecimentos que o segmento oferecia.

Na sociedade, mandava quem investiu o dinheiro e os outros sócios apenas executavam as "ordens", e eu me sentia sem voz ativa. Enfim, com muitas dificuldades por causa das tomadas de decisões, montamos e inauguramos a loja e, como esperado, ela foi um sucesso – e é até hoje, no condomínio onde foi instalada. No decorrer da montagem da primeira loja, surge um outro condomínio com potencial, e adivinha? Pegamos! Pois se tratava de uma oportunidade única. Eu já havia acumulado alguma experiência na área e, pesquisando sobre montagens e instalações e me baseando também em experiências de outros licenciados, eu dava algumas opiniões e sugestões que meus clientes de assessoria seguiam, menos os nossos sócios.

Eu seguia me especializando no ramo mercadista e eles seguiam nos afundando com as decisões equivocadas que tomavam. Eles não entendiam que não poderiam conduzir aquele negócio, que ficava em um condomínio com um pouco mais de 400 unidades residenciais, com um fluxo médio de mil pessoas ao dia, da mesma maneira que conduziam um mercado de bairro, onde circulavam mais de 20 mil pessoas diariamente. Tentei alertá-los e até tomei decisões passando por cima das deles, mas de nada adiantaram meus esforços. Quando vi que não haveria outra forma daquilo terminar bem, disse que precisávamos dar um passo atrás e entregar o segundo condomínio a outro franqueado.

Nesse momento perdemos a confiança que já não era estabelecida entre nós. Em uma reunião com a síndica do condomínio, na tentativa de não passar aquele ponto, meu sócio insinuou para os conselheiros que o problema daquela loja éramos nós (eu e meu esposo). Fato foi que entramos no negócio com muitas dívidas e inauguramos essa segunda loja devendo até a "poeira" dos pés. Aquelas palavras me feriram. Senti uma pontada – como se fosse uma flecha entrando em meu peito, sangrando e causando uma enorme dor. Olhei para trás por uns segundos e lembrei que, por causa desse projeto, meu esposo largou um emprego no qual dedicou mais de 20 anos de sua vida e eu perdi tempo e energia recusando boas propostas de franqueadoras – tudo para ser fidedigna a essa sociedade.

Saímos daquela reunião estarrecidos e o sócio-investidor passou aquele ponto em definitivo. Em seguida, ele nos disse: "Daqui em diante, eu vou administrar tudo e não será mais necessária a ajuda de vocês". Como um cão que fica sem casa e anda cabisbaixo pelas ruas, nós fomos retirados do negócio. Vocês devem estar se perguntando: está tudo ok, mas... e o CNPJ em seu nome? E a conta bancária em seu nome? E as licenças compradas em seu nome, Vivi? Ficou tudo com eles. Eu não tinha coragem de prejudicá-los e, de nenhuma maneira, eu me colocaria nesse lugar, pois não combina comigo. Até hoje, tudo está em meu nome e eu só utilizo o CNPJ ativo da minha empresa de assessoria. Não vejo a "cor do dinheiro" que entra na minha conta bancária, embora tudo o que precisa ser resolvido em questões burocráticas só podem ser feitas por mim. Essa é uma revelação que somente os leitores deste livro terão acesso. Quero deixar claro que eu não desaprovo a sociedade entre empresários, mas o que deixo como ponto de reflexão é: se respalde com um contrato de sociedade e se certifique de que tudo ocorrerá conforme o acordado, caso veja algo fora do contexto contratual, imediatamente consulte um advogado. Hoje, eu me superei e contarei, no decorrer desta história, como foi o processo de superação e crescimento.

AFF! QUEBREI!

Quando ouvi falar em **solidão empresarial**, lembrei da primeira vez que decidi empreender. Percebi que já havia passado por isso, e muito mais. Afinal, uma coisa leva a outra. (Salmo 42:7: Um abismo chama outro abismo, ao fragor das tuas catadupas; todas as tuas ondas e vagas passaram sobre mim). Assim foi a minha primeira vez "quebrando", sem apoio. Foi triste. Quase desisti de empreender, pois o que mais ouvi foi: "Por que você não arruma um emprego seguro, de carteira assinada?". Afinal, é assim que nossos pais nos criaram: para encontrar, no meio profissional, segurança e meios de sobrevivência.

Minha segunda tentativa de empreendedorismo foi no segmento de estética, com uma linha exclusiva de cosméticos. No entanto, não quero falar sobre o negócio ou o mercado, mas sim sobre as experiências que vivi nessa jornada, que me mostraram que desistir de empreender não seria uma opção. Muitas vezes a nossa humanidade vai nos fazer optar pela segurança, que traz uma sensação boa e satisfatória. Porém, em algumas ocasiões, a segurança deixa um vazio em nós. Todas as vezes que pensamos em seguir a maturidade coletiva e não a individual, percebemos que a engrenagem da vida, no todo, vai sempre nos levar para um porto seguro – em uma zona de conforto – e não para onde você quer estar ou idealizou que estaria. Isso leva a gente, muitas vezes, para um ambiente depressivo. Sentimentos como frustração, desânimo e angústia por não conseguir alcançar ou finalizar um processo profissional, que impactam o nosso comportamento. E é por isso que precisamos tratar nossas emoções. Levem isso para a vida, cuidar dos sentimentos é essencial.

Eu, nem de longe, pensava em voltar a empreender. Porém, refletia muito sobre o que aconteceu, quais foram os meus erros e como eu poderia fazer diferente se passasse por algo parecido novamente. Entenda que a minha mentalidade naquela ocasião era a da zona de conforto. Com o tempo, essa zona de conforto se tornou desconfortável, e eu me questionava bastante, pois agora via as coisas de uma maneira diferente. Assim, estava ocorrendo a minha transformação interna.

Naquele momento, eu era professora de educação infantil e estava cursando a faculdade de Artes Visuais. O acesso a novos conhecimentos reativou a minha veia empreendedora. Comecei a pensar no que poderia investir para realizar os meus sonhos e projetos – aqueles que ficaram "na gaveta". Sim, a frustração pode fazer com que deixemos nossos sonhos de lado. A vida faz isso com a gente, né? No entanto, também temos a oportunidade de recomeçar, só que com mais maturidade e potencial. Porque a experiência nos leva a outro nível. Vejam os surfistas: eles se desafiam a superar ondas cada vez maiores e já sabem como agir quando caem. Esse é o barato deles.

Eu entendi que reiniciar faz parte do processo. O que não podemos é cometer os mesmos erros; devemos começar de novo, com novas estratégias. Acredite, tive medo, em alguns momentos, não me permiti avançar, mesmo com potencial. Então, não deixe que o medo te paralise. Eu permitia que palavras desestimulantes me afetassem. É claro que as críticas ainda aparecem, mas hoje não deixo que me desmotivem. Retenho o que realmente é bom das críticas construtivas que recebo, e as que são ditas apenas para ferir – e que não vão me levar a lugar nenhum – eu descarto. É desnecessário gastar energia e tempo com aquilo que não me ajudará a triunfar diante dos desafios cotidianos.

O caminho do empreendedorismo pode ser desafiador; nem todos nascem com o dom de empreender, e muitos têm dificuldade em optar por esse estilo de vida em uma sociedade que valoriza a dependência e a segurança do trabalho CLT. Está "na veia" da pessoa que segue esse caminho de independência, autenticidade e objetividade superar obstáculos todos os dias.

Um verdadeiro empreendedor tem a inquietação de um pesquisador. É alguém que busca o conhecimento e entende que ele não ocupa espaço, mas, sim, enobrece. Eu decidi valorizar o aprendizado constante, acreditando na transformação que posso gerar, social e economicamente. Estava disposta a fazer a diferença na sociedade, pensando em um crescimento coletivo que poderia impactar a vida das pessoas. Essa motivação me levou a realizar pequenas ações pelo próximo, despertando em mim uma nova perspectiva de vida. Encarei essa mudança sem expectativas e me reinventei. Muitas vezes eu fazia coisas surpreendentes até mesmo para mim, e vários projetos fluíram. Ao olhar para dentro de mim, percebi que estava efetivamente em transformação.

AFF! QUEBREI DE NOVO!

A IMPORTÂNCIA DE SABER LIDERAR

Dessa vez vai! Foi o que eu pensei. O negócio era promissor, envolvendo um projeto público, sobre o qual não posso dar muitos detalhes. No entanto, apesar de estar me dedicando profundamente, eu não me dei conta do que estava acontecendo ao meu entorno. Aprendi que, para liderar uma equipe, é preciso desenvolver uma série de habilidades. Eu estava produzindo em um ritmo tão acelerado, que não me dei conta de que não preparei e orientei a minha equipe como deveria. Quando parei para analisar, era tarde. Cometi o erro de não comunicar claramente as expectativas e riscos do negócio, e entendi que deveria diminuir o ritmo para o bem de todos. No ambiente empresarial, o óbvio também precisa ser dito.

Minhas atitudes fizeram a equipe se desintegrar. Não foi culpa deles; eu não os preparei para possíveis adversidades. Essa experiência foi o maior sofrimento da minha vida, pois percebi meu erro e não consegui reverter a situação. Uma equipe precisa de um líder que esteja à frente e não os exponha, que transmita confiabilidade e transparência, pois é impossível trabalhar em conjunto sem confiar uns nos outros e sem alguém capaz de gerenciar conflitos. Aprendi que deveria ter liderado com uma perspectiva diferente, comunicando de forma clara e simples. Minha falha em transmitir os valores essenciais prejudicou a equipe, que acabou se distanciando ainda mais. Compreendi que, para um trabalho em equipe eficaz, é fundamental que todos entendam claramente os objetivos do projeto e a missão da empresa.

O pior momento foi quando minha equipe desistiu do projeto e vi cada integrante saindo, alguns constrangidos e chateados com a decisão que tomei. Precisava que fosse assim e, no fim das contas, tive que declarar minha falência. Naquele momento, me senti sozinha, deprimida e cansada de lutar contra as dificuldades, especialmente como mulher em um ambiente dominado por homens. Renunciei a sonhos e decidi que nunca mais empreenderia daquela forma. Bem, com o sofrimento vieram experiências e, logo depois, a superação. Eu pensava que era o fim, mas a vida reserva surpresas que nos revelam a nossa verdadeira essência diante das adversidades que enfrentamos, sejam profissionais ou pessoais.

TENHO QUE RECOMEÇAR. E AGORA?

Entenda que as dificuldades enfrentadas no caminho podem virar ferramentas para quem decide que desistir não é uma opção. Eu disse a mim mesma: tenho experiências e frustrações que podem me guiar no caminho certo, em busca do sobrenatural, pois o extraordinário é terreno, já o sobrenatural é celestial. Eu tenho Jesus como parâmetro de triunfo, pois não estou em busca de vitórias, mas sim de me tornar inesquecível, como mulher, negra, mãe, esposa e filha de um Deus que nunca me abandonou. Nos piores momentos, à beira do impossível, lidando com a depressão e ouvindo algumas pessoas dizerem "onde está o seu Deus agora que as coisas estão dando errado?", eu sabia que Ele estava comigo, me ensinando na dor. É, sim, possível conduzir negócios à luz da Bíblia. A inteligência emocional que me trouxe até aqui foi um presente do meu empoderador, Cristo, que aos poucos sarou minhas feridas e me revelou novas estratégias de negócios.

Agradeço por todo o esforço que meus pais fizeram para me criar e formar meu caráter através das atitudes deles. Assim, eles me prepararam para a vida! Estar aqui, compartilhando minha história com você, é uma realização. Sou grata pelo apoio de pastores, amigos e principalmente da Hashtag Síndicos e dos Empresários SA, que insistiram em lapidar o potencial que perceberam em mim. Um agradecimento especial à Ruth Vieira, pelo carinho e por ser a ponte para eu realizar um sonho que foi participar do meu primeiro *podcast*. Hoje tenho meu próprio programa de *podcast*,

Vivi Mercadista, onde falo sobre o mundo do Micromarket e da prestação de serviços em condomínios. Com a minha empresa, VSP Micromarket Assessoria, sigo com o objetivo de ajudar as pessoas a se desenvolverem e crescerem no ramo mercadista.

Quero deixar claro que, independentemente do que compartilhei aqui sobre minhas descobertas no empreendedorismo, temos que respeitar certas prioridades, como as relações familiares, quadros societários e os limites físicos e emocionais. Valorize sua família, mesmo que ela não o valorize, e nunca deixe de se reinventar a cada dia, traçando estratégias para superar os obstáculos.

Lembre-se da importância do *networking*, participe de reuniões de negócios com um olhar diferenciado. Apaixone-se pelos processos vividos no seu empreendimento. Reserve momentos para cuidar de si mesmo, pois a sua saúde é tão importante quanto a saúde do seu negócio. Esteja sempre pronto para recomeçar e revisar seus pontos fortes e fracos. Seja resiliente e persista na busca pelo seu objetivo.

AGRADECIMENTOS

Agradeço a Deus pela orientação, e aos meus pais, Ludovina e Jarbas, pela educação e apoio. Sou grata ao meu marido, Luiz Otávio, e ao meu filho, Luiz Jr., pelo suporte emocional. Agradeço ao pastor Rômulo Augusto pelos conselhos espirituais.

Um agradecimento especial ao Wallace Silva, CEO do CNE, pela amizade e oportunidades, a João Abreu da Livraria Insight pelo projeto, e a Mauro Eduardo e Rodrigo da Okeo Minimercados pela parceria.

SOBRE A AUTORA

Viviane Gonçalves, também conhecida como Vivi Mercadista, é casada há 24 anos e é mãe de um jovem de 19. É cristã e CEO da VSP Micromarket Assessoria. Sua experiência no setor Micromarket fortaleceu sua criatividade e resiliência.

CONECTE-SE COM A AUTORA

CONSIDERAÇÕES FINAIS

NOTA DO EDITOR

As histórias e vivências relatadas neste livro me fizeram refletir sobre a minha própria jornada como empreendedor. Ao editar esta obra, reforcei minha convicção de que, apesar de todos os desafios, o empreendedorismo é uma experiência gratificante.

Eu me identifiquei com vários pontos das trajetórias dos autores, e algo ficou ainda mais claro: um negócio pode quebrar, mas o verdadeiro empreendedor não quebra; ele recomeça ainda mais forte. Percebi que existem vários pontos em comum no caminho de um empreendedor, como se fossem paradas obrigatórias: as incertezas, os obstáculos, as críticas, as descobertas, as conexões, as oportunidades, a esperança, a evolução, o sucesso. No entanto, apesar desses pontos em comum, cada empreendedor é único, e, com isso, o livro oferece diferentes perspectivas sobre cada uma dessas etapas.

Foi um grande prazer editar esta obra, que começou a surgir a partir de uma das atividades mais importantes para quem empreende: o *networking*. A publicação deste livro só foi possível graças aos organizadores Wallace Silva, fundador do Clube de Negócios Empresários SA, que abraçou a iniciativa e incentivou os membros do Clube a embarcarem nesta jornada, e Dani Ribeiro, que realmente empreendeu neste projeto, sendo incansável na formação do time de autores e em todas as etapas do processo editorial.

Espero que a leitura deste livro tenha inspirado você, caro leitor, a trilhar o caminho do empreendedorismo com mais entusiasmo e confiança. E espero, principalmente, que as lições aqui compartilhadas tenham gerado *insights* e aprendizados, e que você os aplique imediatamente em seu negócio e em sua vida.

"Um dia li um livro e toda a minha vida mudou." (Orhan Pamuk)

Esta publicação é uma realização da Livraria Insight em parceria com o Clube de Negócios Empresários SA. Convido você a compartilhar suas reflexões sobre este livro em suas redes sociais. Juntos, podemos construir uma comunidade de empreendedores ainda mais forte e colaborativa.

João Abreu

Editor, Consultor Editorial e Ghostwriter

Fundador da Livraria Insight

Apoio:

CNE CLUBE DE NEGÓCIOS EMPRESÁRIOS SA

Livraria
Insight